WAS IST WAS

Annette Hackbarth

HAUSTIERE

Unsere liebsten Freunde

TESSLOFF

Hier siehst du, wo du bist!

Wo ist was?

Seite 19 Papageien brauchen Artgenossen.

Seite 16 Fitness für Kaninchen: Kaninhop.

Die mit ▶ markierten Seiten könnten dich besonders interessieren!

Seite 4 Auf einer Jugendfarm kannst du viele verschiedene Tiere kennenlernen.

Seite 15 Die geselligen Degus verständigen sich durch hohe Pfiffe. Wenn sie aber ihre Ruhe haben wollen, quieken sie ärgerlich.

Ob Rassehund oder Mischling – ein Hund kann nicht nur ein treuer Begleiter sein.

Seite 24

Seite 34

Eine Bauernhofkatze erfüllt wichtige Aufgaben und ist von einem Hof nicht wegzudenken.

Seite 46

Haustiere in Freiheit? Nicht immer ein Fall von Schwein gehabt.

Hier findest du die wichtigsten Begriffe kurz erklärt.

Kinder brauchen Tiere

Warum wünschen sich so viele Kinder ein Tier? Vielleicht weil sie dann jemanden haben, um den sie sich kümmern können. Jemanden, mit dem man kuscheln kann, oder ein Tier, das man gut beobachten kann. Viele Kinder hätten am liebsten einen Hund oder eine Katze, denn mit beiden kann man gut spielen. Und mit einem Hund sogar spazieren gehen – was man auch muss – und draußen herumtoben. Leider geht der Traum vom eigenen Tier nicht immer in Erfüllung. Vielleicht weil die Wohnung zu klein ist. Oder weil das Tier tagsüber zu viel alleine wäre. Vielleicht ist auch jemand in der Familie allergisch gegen bestimmte Tierhaare – es gibt 1 000 Gründe, warum es mit dem eigenen Haustier nicht klappen kann. Aber guck dich doch mal in deiner Nähe um: In oder bei fast jeder größeren Stadt gibt es eine Jugendfarm. Dort kannst du hingehen, um verschiedene Tiere näher kennenzulernen.

Auf den meisten Jugendfarmen gibt es nicht nur Hund und Katze, sondern auch Schweine und Ziegen.

Du kannst Ziegen füttern oder lernen, wie man Pferden die Hufe auskratzt.

Wiehern, gackern, schnattern

Auf einer Jugendfarm wird gebellt und miaut. Aber nicht nur. Es gibt dort viele Tierarten, die von Kindern mitbetreut und versorgt werden können. Und es gibt noch jede Menge mehr zu tun, wie Hütten oder Gehege zu bauen oder – wer mag – im Garten Gemüse anzusäen und irgendwann die eigenen Karotten zu ernten. Zu einer Jugendfarm kommen viele Kinder und alle haben ähnliche Interessen. Mindestens ein Erwachsener ist immer dabei und guckt, dass nichts schiefläuft. Vielleicht hast du auch die sehr gute Idee, erst einmal alles lernen zu wollen über die Tierart, die du haben willst. Auch dann bist du auf einer Jugendfarm genau richtig. Du kannst erfahren, wie man ein Pony führt, dass Ziegen zwar fast alles fressen würden, wenn sie könnten, auch T-Shirts von der Wäscheleine, es aber natürlich nicht dürfen. Du lernst, wie man Kaninchen und Meerschweinchen richtig anfasst und hochnimmt – bis hin zu schwierigeren Aufgaben wie dem Füttern der größeren Tiere oder dem Reinigen der Gehege.

Entdecke deine Talente

Vielleicht bist du der geborene Handwerker und würdest gerne lernen, mit verschiedenen Werkzeugen umzugehen – viele Jugendfarmen bieten dazu Kurse an, aber auch Bastel- oder Malkurse und natürlich solche zur Tierpflege. Es ist für fast jedes Kind etwas dabei. Der Spaß kommt dabei nicht zu kurz, im Sommer gibt es Lagerfeuer, Feste und Familientage. Im Mittelpunkt aber stehen die Tiere. Kinder lernen, wie sie sich den kleineren Tieren nähern können, ohne dass diese Angst bekommen, und wie sie sich ein Tier zum Freund machen. Wichtige Voraussetzungen, wenn du selber Tierhalter werden möchtest.

Ein Abend am Lagerfeuer, übernachten im Zelt, Geschichten erzählen und einfach mal Schule, und was sonst manchmal nervt, vergessen.

Im Umgang mit Tieren lernen Kinder leichter, Verantwortung zu übernehmen und sich zu konzentrieren. Tiere machen uns ausgeglichener.

Haustiere – viel mehr, als man denkt

Zusammenleben
So wie hier wohnten Esel und Schwein nicht mit in der Küche, doch Mensch und Tier lebten eng zusammen.

Tiere, die vom Menschen gezähmt wurden, heißen Haustiere, auch wenn sie im Stall oder auf der Weide leben. Es zählen also neben Hund oder Katze auch Kuh, Schwein, Pferd und viele andere dazu. In anderen Ländern hat man auch andere Haustiere. Vor etwa 6 000 Jahren zum Beispiel zähmten Menschen in Südamerika Meerschweinchen. Sie haben sie gegessen, wie wir viel später Stallkaninchen. Wobei wir schon beim Nutzen sind – der Mensch zähmte vor allem Tierarten, die ihm nützlich waren. Er ernährte sich von ihnen und machte aus ihrer Haut und dem Fell Kleidung oder aus ihren Knochen Werkzeuge. Im Laufe der Zeit fielen ihm immer mehr Möglichkeiten ein: Wollschafe konnte er scheren und die Milch von Ziegen, Schafen und später Kühen trinken oder zu Produkten verarbeiten wie Käse oder Quark. Dafür sorgte er für sie, gab ihnen Futter und beschützte sie vor Beutegreifern.

Eichhörnchen werden als echte Wildtiere nie wirklich zahm.

Angeberwissen

Wir halten auch Tiere im Haus, die gar keine Haustiere sind, wie Wellensittiche. Sie sind nicht domestiziert, werden aber, wenn sich der Besitzer viel mit ihnen beschäftigt, handzahm. Doch sobald sie die Chance dazu bekommen, fliegen die meisten von ihnen davon.

Vom Wildtier zum Haustier

Der Mensch zähmte immer mehr Wildtiere, insbesondere dort, wo er sesshaft wurde und Pflanzen anbaute. Solche, die er nicht selber aß, waren Futter für das Vieh. So musste er nicht mehr so oft auf die gefährliche Jagd gehen, um Fleisch zu haben. Auf die Jagd ging er trotzdem noch, weil wilde Tiere wie Wölfe seine Ziegen stahlen oder Hirsche seine Felder abfraßen. Auch sie nutzte er; doch nur die Tiere, die zahm wurden und nicht gleich wieder ausbrachen, pflanzten sich in seiner Obhut fort – und so wurden ihre Nachkommen immer zutraulicher. Die ersten Tiere, die der Mensch domestizierte, waren Ziegen. Später auch Schafe. Erst danach wagte er sich an größere und wehrhaftere Tiere wie wilde Rinder. Viele der wilden Vorfahren unserer Haustiere stammen aus dem Vorderen Orient; dort nahm ihre Domestikation den Anfang. Domestikation kommt von »domus«; das bedeutet Haus auf Lateinisch.

Was bedeutet zähmen?

Jungtiere, die von Hand aufgezogen werden, sind erst einmal zahm – denken wir. Sie wollen gestreichelt und gefüttert werden, sie suchen die Nähe des ihnen vertrauten Menschen. Doch kaum werden sie geschlechtsreif, scheinen sie dies alles zu vergessen. Das tun sie natürlich nicht, doch ihr Drang, wild und frei zu leben, ist eben im wahrsten Sinne des Wortes unbezähmbar. Sie sind dann keine netten Hausgenossen mehr. So werden die süßen Eichhörnchen zum Beispiel oft richtig bissig. Wenn einzelne Wildtiere zutraulich sind und sich aus der Hand füttern lassen, nennt man dies futterzahm. Doch sie bleiben Wildtiere und werden immer den Weg in die Freiheit suchen. Haustiere hingegen bleiben dem Menschen zugetan, wenn sie keine schlechten Erfahrungen mit ihm gemacht haben. Dieses Verhalten haben sie über viele Generationen gelernt und vermutlich ist es inzwischen in den Genen verankert, also erblich.

Wilde Vorfahren – zahme Verwandtschaft

WILDMEERSCHWEIN

HAUSMEERSCHWEIN

Haustiere veränderten ihr Aussehen, oft haben sie weiße Fellzeichnungen.

WILDKANINCHEN

HAUSKANINCHEN

Durch Zucht veränderte sich auch das Verhalten. Einem Wildkaninchen würde es in einem Stall niemals gefallen.

Haustiere verrichteten oft Arbeit für uns. In Afrika tragen Hausesel heute noch Lasten. Ein Wildesel würde dies nie tun.

WILDESEL

HAUSESEL

Unsere tierischen Freunde

In Ägypten war die Katze heilig. Die Menschen verehrten mehrere Götter, unter anderem Bastet, der aussah wie eine Katze.

Wir wissen erstaunlich wenig darüber, wie und wo Rind, Schaf oder Ziege zu Haustieren wurden. Und das, obwohl ihre »Erfindung« bis heute mehr Einfluss auf uns hat als kaum irgendetwas sonst auf der Welt. Außerdem ist die Geschichte über die Entwicklung vieler Tierarten oft sehr interessant. So dachte man lange, Rinder seien Abkömmlinge vom längst ausgestorbenen Europäischen Auerochsen. Er war ein riesiges Ungetüm, gefährlich mit seinen breiten Hörnern und eine echte Naturgewalt. Doch heute weiß man: Domestizierte Rinder kamen aus dem Nahen Osten. Und noch besser: Es waren gerade einmal 80 Tiere, die zu den Vorfahren unserer Millionen Kühe, Bullen und Kälber wurden.

Auf leisen Pfoten

Still und leise schlich sich die Katze aus der Halbwüste Ägyptens in die Kornspeicher der Bauern. Die erkannten schnell den einmaligen Nutzen der Tiere: Sie schützten die Vorräte vor Nagetieren wie Mäusen und Ratten. Die Katze wurde so wichtig, dass die alten Ägypter sie sogar als Gottheit verehrten. Alle bei uns lebenden Hauskatzen gehen auf gerade einmal fünf Exemplare zurück, wie Wissenschaftler durch DNA-Analysen festgestellt haben.

Wilde Falbkatze, die in Ägypten begann, in Kornspeichern auf die Jagd zu gehen.

Eine Europäische Hauskatze. Ihre weißen Pfoten verraten, dass dies keine Wildkatze sein kann.

Angeberwissen

- Mithilfe von DNA-Analysen, wie in der Kriminaltechnik, stellten Wissenschaftler fest, dass die meisten Rinder miteinander ziemlich eng verwandt sind oder wie lange der Hund schon beim Menschen lebt. Überhaupt werden sie viel genutzt, um herauszubekommen, woher unsere Haustiere stammen und wie sie zu uns kamen.

Auf schnellen Hufen

Kaum ein Tier hat die Geschichte des Menschen so beeinflusst wie das Pferd. Jahrtausende zog es für uns Lasten, es ermöglichte Reitern, weite Strecken zurückzulegen. Kriegsherren eroberten dank des Pferdes riesige Reiche und es ist noch nicht so lange her, dass es in der Landwirtschaft ein unverzichtbarer Helfer war. Mit seiner Kraft und Ausdauer konnte es einen Pflug länger und schneller ziehen als Ochsen, die ebenfalls als Zugtiere eingesetzt wurden.

Mithilfe schwerer Arbeitspferde konnten größere Felder bestellt und viel mehr geerntet werden. Und weil es dadurch immer mehr Nahrung gab, wurden auch wir Menschen immer zahlreicher.

Links das Przewalskipferd, wie Steinzeitmenschen es auf Höhlenwände malten, rechts heute.

Schon gewusst?

Wir wissen nicht, wer der direkte Vorfahre unseres Hauspferdes ist. Sicher ist seit Kurzem nur, dass es nicht das Przewalskipferd war. Vermutlich war es der Tarpan – doch wie dieser ausgesehen haben könnte, ist nicht bekannt. Es gibt zwar einige alte Fotos, doch sie zeigen wohl schon Mischlinge aus Tarpanen und Hauspferden. Man weiß nur: Die Vorfahren unseres Hauspferdes wurden zuerst in den Steppen des heutigen Kasachstan gezähmt.

Auf den Hund gekommen

Der Wolf hat wohl ebenfalls von sich aus beschlossen, die Nähe des Menschen zu suchen. Im Jahr 2013 fanden Wissenschaftler in einer Höhle in Belgien einen Tierschädel und stellten fest: Der ist mindestens 31 700 Jahre alt und das Tier war ein Hund. Damit ist der Hund der älteste Freund des Menschen. Anfangs suchten Wölfe in der Nähe des Menschen wohl Fressbares und beseitigten auf diese Weise seine Abfälle. Einige spezialisierten sich auf diese Lebensweise, zogen mit den Menschen mit und rückten immer näher an ihre Lagerfeuer heran. Über Generationen hinweg wurden sie zahmer und zum Hund, warnten die Menschen vor Gefahren und beschützten sie vor Feinden, so wie es heute noch Wachhunde tun. Allerdings hat man sie früher auch verspeist, wenn andere Vorräte knapp wurden.

Der Schäferhund, hier ein weißer, sieht dem Wolf (unten) noch sehr ähnlich.

Sensationeller Fund

Dieser Schädel ist über 30 000 Jahre alt. Erst dachte man, es wäre der eines Wolfes, doch DNA-Analysen zeigten: Er stammt von einem Hund.

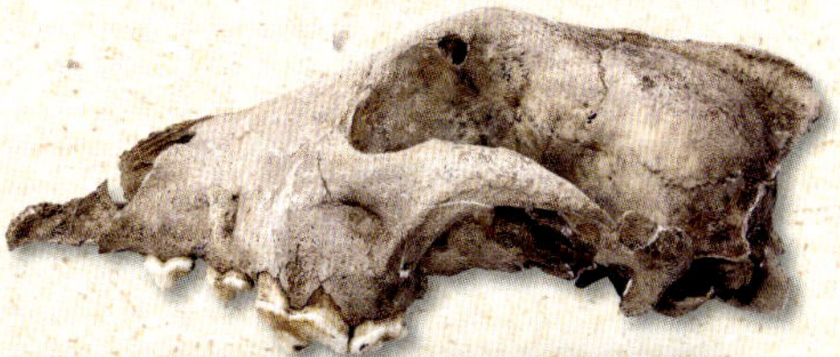

Kanarienvögel sind keineswegs nur gelb. Durch Zucht gibt es sie auch in Orange.

Der Haustiercheck

Das häufigste Haustier ist bei uns die Katze. Etwa 13 Millionen sollen es sein.

Fast jedes Kind wünscht sich ein Haustier, doch es muss vorher einiges bedacht werden. Für welche Tierart interessierst du dich am meisten – aber welches Tier würde sich bei dir auch wohlfühlen? Wenn man sich noch nicht sicher ist, was für ein Tier es sein soll, ob Hund oder Katze, Vogel, Fisch oder Schildkröte, dann sollte man sich ganz genau überlegen, wie viel Zeit, Platz und auch Geld einem zur Verfügung stehen.

Welches darf es denn sein?

Wenn du ein Haustier möchtest, dann lebt es in deiner Familie. Alle müssen mit ihm einverstanden sein und es muss klar sein, wer sich um das Tier kümmert, auch wenn du mal nicht da bist. Du solltest dich fragen, ob jemand in deiner Familie eine Tierhaarallergie hat oder ob in eurer Wohnung die Hundehaltung erlaubt ist. Und es muss dir bewusst sein, dass Tiere eine Menge Arbeit machen und nicht immer nur Spaß. Bei einem Hund müssen unbedingt die Eltern mithelfen, denn nur sie können ihn auch erziehen. Kaninchen oder Meerschweinchen sind leichter zu halten, doch sie möchten auf keinen Fall alleine sein und brauchen mindestens einen Artgenossen. Lieber noch eine Nummer kleiner? Mäuse oder Hamster. Aber sie kommen vor allem bei Nacht hervor, wenn du meist schon ins Bett gehst. Tiere bereichern das Leben und wer eines hat, lernt, Verantwortung zu übernehmen. Doch leider gibt es Tausende von Kaninchen, Meerschweinchen und anderen Tieren, die in winzigen Käfigen vor sich hin leben, weil ihr Kind sich nicht mehr um sie kümmert. Damit deinem neuen Mitbewohner nicht das gleiche Schicksal bevorsteht, solltest du dich sehr genau über das Tier, das du gerne haben möchtest, informieren.

Die Entscheidung ist gefallen

Deine Eltern und du, ihr habt euch entschieden, ein Tier in eure Familie zu holen. Ihr habt euch genau erkundigt, was es benötigt, und nun überlegst du, wo das Tier herkommen soll. Vielleicht versucht ihr es zuerst einmal im Tierheim? Dort gibt es viele Tiere, die ein neues Zuhause suchen. Von der Rennmaus bis zum Hund findet man dort fast jede Tierart. Manche wurden gedankenlos angeschafft. Und nun warten sie auf neue Besitzer, die es besser machen und sich wirklich um sie kümmern.

Funny Fact

Roboterküken

In Japan produziert eine Firma künstliche Tiere wie dieses Küken. Wenn man sie streichelt, dann zwitschern sie. Es gibt aber auch Katzen oder Hunde, die echten Tieren auf den ersten Blick zum Verwechseln ähnlich sehen. Sie sind natürlich kein Ersatz für ein echtes Tier, denn sie haben keine Gefühle. Dafür leiden sie aber auch nicht, wenn man sich nicht richtig um sie kümmert.

Meerschweinchen sind sehr gesellig und neugierig. Sie brauchen unbedingt Artgenossen und werden sehr zutraulich, wenn man sich viel mit ihnen beschäftigt.

Wenn man wissen will, wie Tiere sich am wohlsten fühlen, ist es hilfreich, sich zu informieren, wie ihre wilden Verwandten leben. Kaninchen lieben es, Höhlen und Gänge zu graben; deshalb sollte man ein ausbruchsicheres Außengehege bauen.

Hunde brauchen Erziehung und viel Auslauf, bei dem sie nicht nur mit Kindern, sondern auch mit anderen Hunden spielen können.

Keine Kuscheltiere: Spinnen und andere Terrarientiere sind meist nur für echte Spezialisten geeignet.

Es gibt viele verschiedene Schildkrötenarten und jede hat andere Ansprüche.

Auch Hamster und Mäuse sind anspruchsvoll. Denn wer will schon täglich im Gehege sitzen und nichts zu tun haben?

Nager – es lebe die Vielfalt

Die einen springen schreiend auf den nächsten Stuhl, wenn sie eine Maus oder eine Ratte sehen, die anderen halten sie als Heimtiere. Ihre wilden Kollegen wohnen auf Feldern, in Ställen und Scheunen, wie die Feld- und Hausmäuse, oder sogar in der Wüste, wie die Goldhamster. Ihre domestizierte Verwandtschaft lebt in unzähligen Wohn- und Kinderzimmern. Wer diese Tiere zu Hause in einer für sie künstlichen Welt hält, ist dafür verantwortlich, dass sie darin gesund und rundum zufrieden sind.

So niedlich Goldhamster aussehen, sie sind unabhängige Persönlichkeiten, haben gern ihre Ruhe und werden nur in Ausnahmefällen zutraulich.

Mäuse und Ratten sind nur in der Gruppe glücklich

Mäuse und Ratten darf man nie alleine halten. Das heißt aber nicht, dass sie sich auch immer gut mit ihren Artgenossen vertragen. Leben sie frei, können sie ausziehen, wenn es Streit gibt, doch in einem Gehege geht das natürlich nicht. Darum muss der Halter sorgfältig auswählen. Rennmäuse zum Beispiel sind besonders wählerisch, aber nicht die einzigen, die ihr Gehege wütend gegen Artgenossen verteidigen, die sie nicht mögen. Am besten verstehen sich Geschwister. Leben Weibchen und Männchen zusammen, müssen Männchen kastriert werden; sonst gibt es ständig Nachwuchs. Mäuse sind eher nachtaktiv. Ratten sind auch in der Dämmerung schon wach. Sie können unglaublich zutraulich werden, wenn sich ihr Halter viel mit ihnen beschäftigt. Beide Arten lieben die Abwechslung und freuen sich, wenn ihr Gehege immer ein bisschen anders aussieht. Mal kann es einfach eine Papprolle vom Küchenpapier sein, dann wieder neue Zweige.

Hamster sind lieber allein

Hamster sind Einzelgänger. In Freiheit suchen sie nur zur Paarungszeit die Gesellschaft von anderen; ansonsten bekämpfen sie sich. Nur ganz wenige Arten sind da Ausnahmen. Außerdem sind sie nachtaktiv und wollen tagsüber nicht gestört werden. Tut man es trotzdem, können sie ganz schön aggressiv werden. Verständlich – wer wird schon gern ständig aus dem Schlaf gerissen? Sie haben einen enormen Bewegungsdrang. In freier Wildbahn sind sie fast die ganze Nacht unterwegs und legen große Strecken auf der Futtersuche zurück. Als Haustiere für Kinder sind Hamster aus all diesen Gründen in den allermeisten Fällen ungeeignet.

Schon gewusst?

Die kleinen Nager verständigen sich auch mit Lauten im Ultraschallbereich. Manche Töne sind so hoch, dass menschliche Ohren sie nicht hören können. Aber mit Spezialgeräten kann man diese Töne hörbar machen und es stellte sich heraus: Mäuse singen zur Balz fast wie Singvögel. Und zahme Ratten, die gekitzelt werden, lachen wie Kinder.

Der Feldhamster ist ein Verwandter des Goldhamsters und lebt in Europa frei in der Natur.

Rennmäuse, oder auch Gerbile, stammen aus den trockenen Savannen in Afrika und Asien. Es gibt viele Arten, von denen einige Einzelgänger sind, andere in großen Kolonien leben. Auch sie sind nachtaktiv.

Angeberwissen

In Indien gibt es den Karni-Mata-Tempel. Die Menschen, die dorthin zum Beten kommen, betrachten Ratten als heilige Tiere und bringen ihnen Speisen mit.

Alle Nagetiere, wie diese Farbmäuse, lieben abwechslungsreiche Gehege und Versteckmöglichkeiten. Auf der kleinen Hängebank können sie schaukeln, auf den Seilen herumbalancieren und im Häuschen Vorräte sammeln und schlafen. Röhren oder Pflanzen dienen als Versteck. Das sieht nicht nur schön aus, sondern gefällt auch den Bewohnern.

Steiler Zahn

Die Schneidezähne von Nagetieren – das sind die in der Mitte vorn oben und unten – wachsen immer weiter und sind wie kleine Meißel geformt. Die vordere Seite der Schneidezähne ist mit einer sehr harten Schicht Zahnschmelz extra überzogen. Hinten nutzen sich die Zähne mehr ab als vorne und so entsteht eine scharfe Kante. Mit ihr können Mäuse, Eichhörnchen und Co harte Nüsse knacken. Und falls mal ein Zacken abbricht – auch nicht so schlimm, denn er wächst ja wieder nach. Das bedeutet aber auch, dass die kleinen Nager immer genug harte Kost haben müssen, damit sich ihre Zähne abnutzen können. Am liebsten nagen sie an Knabbersticks, die es im Fachhandel gibt, aber auch an frischen Zweigen von Obstbäumen.

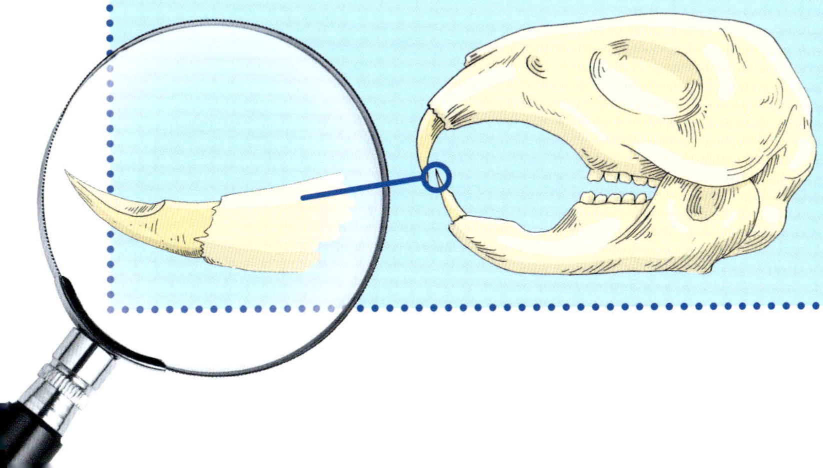

Wie bei einer Schere greifen die Schneidezähne aneinander vorbei. Der Extrazahnschmelz ist meist orange.

Chinchilla und Degu – flinke Südamerikaner

Selbst wenn du dir noch so viel Zeit nimmst für deine Chinchillas oder Degus, brauchen sie unbedingt Artgenossen. Am friedlichsten leben meist gleichgeschlechtliche Geschwister zusammen.

Er hieß Kasimir und war dafür verantwortlich, dass Susanne ein Mathe- und ein Englischbuch von ihrem Taschengeld bezahlen musste. Kasimir war ein Chinchilla und vor seinen Nagezähnen war nichts sicher. Da er und Susanne sich sehr gut verstanden und er kam, wenn sie ihn rief, durfte er viel frei herumlaufen. Kasimir und sein Bruder Mowgli mochten Susanne sehr, weil sie sich viel und freundlich mit ihnen beschäftigte. Doch es gab jede Menge Ärger mit Susannes Vater. Der fand es nämlich nicht lustig, dass Kasimir Stuhlbeine, Bettpfosten und eben Bücher annagte. Susanne aber weigerte sich, ihn nur im Käfig zu halten. Die Familie einigte sich darauf, dass die Chinchillas nur in Susannes Zimmer frei laufen durften; da hatte Kasimir das Mobiliar schon ruiniert. Im Gehege hatten sie reichlich Material, das sie annagen konnten: frische Äste von Birken und Obstbäumen, Knabbersticks und vieles mehr. Doch Kasimir, anders als Mowgli, waren Stuhlbeine lieber. Tatsächlich hat jedes noch so kleine Nagetier eine eigene Persönlichkeit und kein Tier ist wie das andere.

Zu zweit macht alles gleich viel mehr Spaß.

Degus brauchen Degus

Chinchillas und Degus sind Gruppentiere und dürfen auf keinen Fall allein gehalten werden, sondern nur mit ihresgleichen zusammen. In ihrer Heimat in Südamerika leben die Tiere sehr sozial in Familiengruppen und brauchen einander zum Überleben. Ständig hält eines der Tiere Wache und warnt die anderen vor Gefahren. Ein Tier allein kann das nicht leisten und hätte darum immer Angst – da ist es egal, ob sie in Freiheit oder einem Gehege leben. Hält

Ein Freigehege ist toll: Je mehr Spielmöglichkeiten es gibt, desto besser.

man die Tiere alleine, macht dieser Dauerstress sie sogar krank. Auch kann niemand einem Degu oder Chinchilla so schön das Fell putzen wie ein Artgenosse. Und nachts, wenn sie schlafen, dann kuscheln sich besonders die Degus ganz eng zusammen und fühlen sich so sicher und geborgen.

Harte Körner und Nussschalen sind für Nagetiere kein Problem, im Gegenteil: Sie knacken sie meist mühelos, um an das nahrhafte Innere zu gelangen.

Respekt vor kleinen Tieren

Chinchillas und Degus haben ein flauschiges Fell, doch kuscheln mögen sie mit Menschen oft nicht. Vor allem Chinchillas wollen eigentlich nicht auf den Arm genommen werden, schon gar nicht von Fremden. Sie strampeln dann und mit ihren scharfen Krallen können sie kratzen. Lässt der Mensch sie dann fallen, verletzen sich die Nager möglicherweise. Also: Respektiere die Grenzen! Das Gehege gehört den Tieren. Du kannst sie daran gewöhnen, aus deiner Hand Futter anzunehmen und sie zu streicheln. Aber dazu zwingen darfst du sie nicht. Jemand, der sich gut auskennt, kann dir zeigen, wie ein Chinchilla lernt, sich hochnehmen zu lassen. Zu den täglichen Aufgaben, wie Füttern und Wassergeben, gehört die Kontrolle der Tiere – machen sie, wenn ihre aktive Zeit anbricht, einen munteren Eindruck? Oder verkriecht sich ein Tier in eine Ecke? Dann ist es vielleicht krank. Manchmal vertragen sich die Nager auch nicht; dann müssen sie getrennt werden.

Ich bin vielleicht klein, aber ich weiß trotzdem genau, was ich will.

Angeberwissen

- Degus werden bei guter Haltung locker fünf, sechs Jahre alt, Chinchillas können sogar 20 Jahre alt werden.

Degus brauchen Steine, um sich daran die Krallen zu wetzen, weil diese sonst immer weiter wachsen würden.

DIY Special

Hängeschaukel zum Selbstbauen

So ist für Abwechslung im Käfig gesorgt. Also ran ans Werkzeug!

Du brauchst:

- Akkuschrauber
- Bohraufsatz
- einen langen und zwei kurze Äste
- Schnur

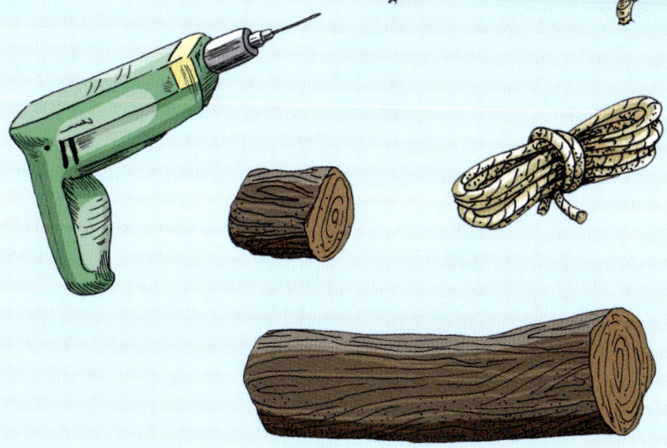

So geht's:

1. In das lange Stöckchen zwei Löcher bohren; lass dir beim Bohren von einem Erwachsenen helfen.
2. In die kleineren Stöckchen je ein Loch bohren – am besten immer ein altes Brett unterlegen.
3. Die Schnur wie auf der Zeichnung durch die Stöckchen fädeln, immer mit einem Knoten dazwischen.
4. Im Gehege aufhängen – aber nicht zu hoch, falls mal ein Tier herunterfällt.

Meerschweinchen und Kaninchen

Oft werden Meerschweinchen und Kaninchen zusammen gehalten, wogegen auch nichts zu sagen ist. Allerdings sollte es nicht nur ein Meerschweinchen und nur ein Kaninchen sein. Leider passiert das noch immer sehr oft. Das Dumme ist nämlich: Meerschweinchen und Kaninchen haben sich rein gar nichts zu sagen und können oft wenig bis nichts miteinander anfangen.

Freundlich und clever

Sowohl Kaninchen als auch Meerschweinchen sind schlaue und fröhliche Tiere, die bei guter Betreuung sehr anhänglich werden. Sie haben ähnliche Ansprüche. Beide Tierarten sind sehr bewegungsfreudig und neugierig. Sie brauchen täglichen Auslauf, immer neues Nagematerial und Artgenossen zum Spielen, um sie artgerecht zu halten. Ein Unterschied zwischen den Arten ist, dass Kaninchen Gänge und Höhlen graben. Dies ist gut zu wissen, wenn man ihnen ein Freigehege baut. Dann muss man aufpassen, dass sie sich nicht unter dem Zaun durchgraben. Darum sollte er ein Stück in den Boden ragen oder man versetzt das Gehege regelmäßig.

Schon gewusst?

Umgangssprachlich nennt man sie zwar manchmal Stallhasen. Aber in Wirklichkeit gibt es nur Stallkaninchen. Sie alle stammen vom Wildkaninchen ab, nicht vom Hasen.

Der kleine Unterschied

Anders als viele glauben, zählen Kaninchen nicht zu den Nagetieren, sondern zu den Hasenartigen. Sie haben ein besonderes Paar Zähne, die Stiftzähne. Diese liegen hinter den Schneidezähnen.

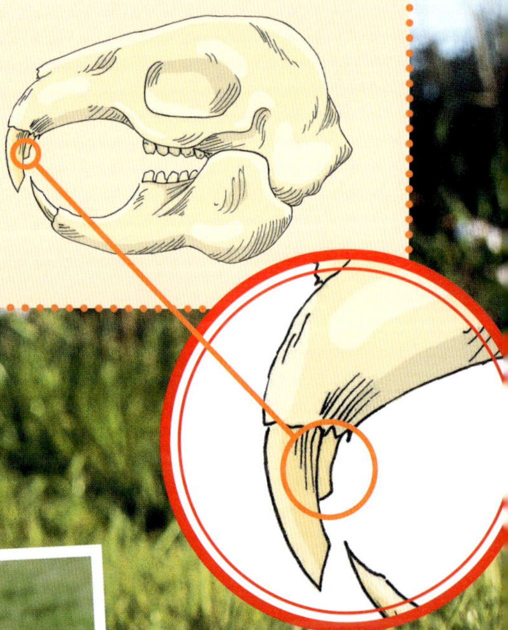

Ebenso wie Meerschweinchen gibt es Kaninchen heute in vielen verschiedenen Größen, Farben und Rassen.

Kaninhop ist eine Sportart für Kaninchen. Dabei springen sie wie Pferde in einem kleinen Springparcours.

Die Tiere lieben frisches Gras und Löwenzahn. Wer kein Freigehege hat, kann im Frühjahr und Sommer Löwenzahn für sie draußen sammeln. Sie mümmeln auch Gemüse wie Zucchini, Salat und natürlich Karotten. Sehr wichtig für Meerschweinchen und Kaninchen ist, dass ihnen ausreichend Heu zur Verfügung steht. So haben sie immer Beschäftigung. Männliche Tiere, die Böcke oder Böckchen, sollten kastriert werden, damit sie untereinander nicht um die Weibchen streiten und es keinen Nachwuchs gibt.

Klein und stubenrein

Nicht alle Kaninchen oder Meerschweinchen können stubenrein werden, aber doch einige, vor allem Kaninchen. Versuche es mal so: Stell ihnen eine Schale hin und gib ein wenig von der Einstreu hinein, in die sie schon mal uriniert haben. Das riechen sie und benutzen mit ein wenig Glück zukünftig die Schale als Toilette. Bei Meerschweinchen funktioniert es manchmal besser, wenn über die Schale ein Dach kommt, zum Beispiel ein Schuhkarton mit zwei oder drei Löchern als Ein- und Ausgänge. Dieses Klo muss regelmäßig sauber gemacht werden. Abhängig davon, wie viele Tiere auf wie viel Raum leben, so etwa alle zwei bis drei Tage. Am besten immer ein bisschen feuchte Einstreu darin belassen, damit die Tiere es weiterhin als Toilette benutzen.

Ein Kaninchen und ein Meerschweinchen in einem kleinen Käfig: Das geht gar nicht.

Mit Artgenossen und Auslauf. Frisches Grünzeug dazu und ihre Welt ist perfekt.

Funny Fact

Weder Schwein noch aus dem Meer

Ihren Namen haben Meerschweinchen vermutlich bekommen, weil sie mit spanischen Seefahrern aus Südamerika nach Europa kamen und weil sich ihr Quieken ähnlich anhört wie das von Schweinen. Sie leben aber weder im Wasser, noch sind sie mit Schweinen verwandt.

Kleine Seefahrer: Auf spanischen Segelschiffen kamen die ersten Meerschweinchen nach Europa.

»Gefiederte Freunde«

So nannte der bekannte Tierfilmer und Zoologe Bernhard Grzimek (wird Tschimek ausgesprochen) Vögel in seinen Fernsehsendungen. Er meinte damit die Vögel, die bei uns in den Wohnzimmern gehalten werden. Viele von ihnen sind aber Wildvögel geblieben und kommen noch genauso in der freien Wildbahn vor. Und da sie bei uns nicht heimisch sind, zählt man sie unter den Haustieren zu den Exoten. Ein weiterer Begriff für sie ist »Ziervögel«. Vögel als Haustiere sind für Kinder nur bedingt geeignet, da sie sehr empfindlich sind. Die am häufigsten bei uns gehaltenen Vögel sind Wellensittiche. Ihre wild lebenden Artgenossen, die in Australien zu Hause sind, fliegen in großen Schwärmen von Hunderten Tieren frei umher. Sie sind sehr sozial gegenüber Artgenossen und haben fast nie ernsthaft Streit untereinander.

Zebrafinken und die gelben Sänger

Auch Zebrafinken stammen aus Australien; deshalb werden sie manchmal mit Wellensittichen zusammen gehalten.

Vogelhaltung als Herausforderung

Alle Vögel brauchen viel Aufmerksamkeit, sorgfältige Pflege und Freiflug in der Wohnung – bei geschlossenen Fenstern. Große Papageien aber sind eine eigene Liga und gehören wirklich nur zu Kennern, die wissen, was sie erwartet: Sie verstreuen ihren Kot, schmieren zermatschte Bananen auf die Möbel und können so schreien, dass auch die Nachbarn etwas davon haben. Täglich muss man Obst und Gemüse schnippeln und sich stundenlang mit ihnen beschäftigen; sonst werden manche Papageien aggressiv. Und: Das alles mal zwei, denn auch sie dürfen immer nur mindestens zu zweit gehalten werden.

Wellensittiche sollten in der Wohnung nur unter Aufsicht frei fliegen, falls sie irgendwo stecken bleiben und nicht wieder herauskommen.

»Die Unzertrennlichen« heißen nicht nur so, sie sind es auch. Zwei, die sich einmal gefunden haben, bleiben immer zusammen.

Doch das geht oft schief, denn die temperamentvollen und hektischen Zebrafinken gehen den Wellensittichen total auf die Nerven. So nett sie untereinander sind, so fies können sie zu Zebrafinken sein und sie sogar verletzen. Kanarienvögel stammen – logisch – von den Kanarischen Inseln. Schon vor 500 Jahren hat man bei uns begonnen, sie in Käfigen zu halten und zu züchten. Inzwischen gibt es sie nicht mehr nur in Gelb, sondern in ganz verschiedenen Farbtönen, die von Orange bis Braun reichen. Auch werden Kanarienvögel in unterschiedlichen Größen gezüchtet.

Der König der Papageien

Der Hyazinthara ist tiefblau, einen Meter groß und hat einen gelben Ring um die Augen und um den unteren Teil des Schnabels. Mit dem Schnabel knackt er mühelos die härtesten Nüsse, die er in den Bäumen selbst pflückt. In freier Wildbahn sind die Vögel leider selten geworden. Denn viele werden illegal gefangen und von Tierschmugglern verkauft. Darum ist es bei der Anschaffung von allen exotischen Tieren so wichtig, dass der Käufer darauf achtet, dass sie wirklich aus Nachzuchten kommen. Sonst unterstützt er diese Wilderei.

Immer zusammen, nie allein

Ein Papagei ist in freier Wildbahn nie allein und darf deshalb nie alleine gehalten werden. Alle sogenannten Ziervögel sind Schwarmvögel, viele Paare bleiben sogar ein Leben lang zusammen. Sind sie allein, verzweifeln sie oft so, dass sie sich selbst die Federn ausreißen oder stundenlang schreien. Auch wer sich viel mit ihnen beschäftigt, kann einen anderen Vogel nicht ersetzen. Einer kleinen Papageienart aus Afrika hat diese Eigenschaft sogar ihren Namen gegeben: Die Unzertrennlichen.

Kanarienvögel werden in verschiedenen Farben und Größen gezüchtet.

Schon gewusst?

Die Wellensittichhähne nehmen Geräusche aus ihrer Umgebung in ihren Gesang auf, weil sie mit ihrer stimmlichen Vielseitigkeit den Hennen imponieren wollen. Daher kommt es, dass manche Wellensittiche sprechen – sie ahmen nach, was sie von den Menschen hören.

Funny Fact

Partnervermittlung für Papageien

Viele Papageienarten sind sehr wählerisch, was ihre Partner angeht. In freier Wildbahn können sie aus vielen Artgenossen den wählen, mit dem sie ihre Zukunft verbringen wollen. Doch wir sperren zwei zusammen und denken dann, die vertragen sich schon. Aber so leicht darf man es sich mit den intelligenten Vögeln nicht machen. Zum Glück gibt es Partnervermittlungen für sie. Dort kann der Halter seinen Vogel hinbringen. Der Papagei bleibt dann so lange dort, bis er einen Partnervogel gefunden hat und der Besitzer beide abholt.

Faszinierende Welt unter Wasser

Diskusfische (Lateinisch für »Scheibe«) kommen in vielen verschiedenen Farben vor.

Die kleinen Neonfische sind sehr beliebt bei Anfängern, weil sie keine großen Ansprüche stellen.

Fische haben kaum Kuschelfaktor, trainieren lassen sie sich nur selten und sie sind stumm. Dennoch gehören sie zu den meistgehaltenen Tieren bei uns – oder vielleicht gerade deshalb. Pflegeleicht sind sie aber nicht. Dafür sind sie zum Teil wunderschöne, auf jeden Fall aber faszinierende Lebewesen.

Wissenschaft für sich

Das Glasbehältnis, in dem die Fische herumschwimmen, heißt Aquarium (das ist Lateinisch und heißt Wasserbehälter). Aber ein Aquarium sollte nicht einfach nur ein Wasserbehälter sein. Sondern es muss ausgestaltet werden, damit es der natürlichen Umgebung der Fische nahekommt. Dazu gehören Pflanzen und Versteckmöglichkeiten, damit sich die Tiere auch mal aus dem Weg schwimmen können. Welche Fische zusammen gehalten werden können, das richtet sich nach vielen Punkten: Die unterschiedlichen Arten müssen ähnliche Ansprüche haben, zum Beispiel welche Temperatur das Wasser haben muss. Und natürlich: Sollen es Süß- oder Salzwasserfische sein? Ganz wichtig ist auch die Frage: Könnte ein Fisch den anderen zum Fressen gern haben? Aquarianer, so nennt man sehr leidenschaftliche Besitzer eines Aquariums, sind echte Experten, was Fische angeht. Und sie kennen sich auch gut mit der Technik aus, denn neben den Fischen ist sie das Wichtigste und eine Wissenschaft für sich. Filteranlagen sorgen dafür, dass das Wasser nicht zu schnell verschmutzt. Thermostate, das sind Temperaturregler, steuern, dass das Wasser immer die richtige Temperatur hat. Die beliebten Diskusfische haben es beispielsweise gern warm, so um die 28 bis 30 Grad Celsius. So warm ist es auch im Amazonas, woher der Diskus stammt. Ein anderer großer Fluss in Südamerika ist der Orinoko. In ihm leben Neonfische, die auch oft im Aquarium

Funny Fact

Scheibenputzer

Es gibt so vieles in der faszinierenden Welt der Fische, darum eine kleine Auswahl: Bei den Seepferdchen bekommen die Männchen die Babys, Welse lieben es, Scheiben zu putzen, und gehören deswegen in fast jedes Süßwasseraquarium und Buntbarsche brüten ihre Eier im Maul aus, in das sich der Nachwuchs bei Gefahr flüchtet, solange er klein genug ist.

Erkennst du ihn? Gestatten: Nemo. Der richtige Name ist Anemonen- oder Clownfisch.

gehalten werden. Die kleinen Schwarmfische sind unempfindlicher als Diskusfische, haben aber ansonsten ähnliche Ansprüche. Jedoch: Sind sie noch klein und die Diskusfische schon ausgewachsen, werden die kleinen Neonfische schnell zu Diskusfutter. All das und noch vieles mehr muss bedacht werden, damit alle – du und die Fische – lange Spaß daran haben.

Ein Aquarium für Einsteiger

Eine Möglichkeit, erste Erfahrungen zu sammeln, sind Nano-Aquarien. Das sind kleine Aquarien, die mit Pflanzen und geeigneten Tieren voll ausgestattet sind. Meistens hält man in Nano-Aquarien Garnelenarten. Diese sind hübsch anzuschauen und haben nicht allzu hohe Ansprüche. Aber kümmern muss sich der frischgebackene Aquarianer immer – allein das regelmäßige Reinigen, trotz Filteranlage, ist richtig Arbeit und kostet viel Zeit. Ein weiterer wichtiger Punkt: Achte darauf, dass du keine Wildfänge, sondern immer Nachzuchten von Aquarianern hierzulande kaufst!

Rekord

1,5 Mio.

soll angeblich der teuerste Koi der Welt gekostet haben. Der Koi ist der wertvollste Fisch der Welt – insbesondere wenn er schon ein gewisses Alter und die richtige Färbung hat.
Besonders beliebt in Japan ist der Tancho-Koi. Er ist weiß, hat einen roten Punkt oben auf dem Körper und sieht darum aus wie die japanische Flagge. Ein Spitzenexemplar eines solchen Fisches kann 500 000 Euro wert sein.

Japanische Karpfen im Gartenteich

Ein Koi ist ein japanischer Zierkarpfen. Kois sind mit Goldfischen verwandt und in Japan sehr beliebt, aber auch bei uns werden sie immer häufiger in Gartenteichen gehalten. Sie stellen unter Beweis, dass Fische keineswegs dumm sind – sie erkennen ihre Halter unter anderen Menschen und können durchaus anhänglich werden.

RICHTIG

Auch die meisten Fische sind nicht gern allein. Schwarmfische brauchen unbedingt Artgenossen und alle benötigen Platz und eine abwechslungsreiche Umgebung, die immer wieder umgestaltet werden sollte. Einen Goldfisch in einem Glas zu halten, in dem er immer nur langweilig im Kreis schwimmen kann, ist Tierquälerei.

FALSCH

Tiere in Terrarien

Schildkröten laufen gern im Garten umher, am besten in einem sicheren Gehege. Sonst musst du gut aufpassen, denn sie sind schneller weg, als man denkt, und dann nur schwer wiederzufinden.

Als Exoten werden meist Tierarten bezeichnet, die bei uns nicht heimisch sind und in Terrarien gehalten werden müssen. Der Halter passt darin mit technischer Ausstattung die Umgebung den Bedürfnissen der Tiere an: Die klimatischen Bedingungen ihrer Heimat werden also auf kleinem Raum nachgeahmt. Skorpione beispielsweise brauchen es extrem trocken, viele Schlangen aus tropischen Gebieten hingegen benötigen eine hohe Luftfeuchtigkeit. Voraussetzung für die Haltung solcher exotischen Tiere ist, dass der Mensch sich richtig gut auskennt. Es wird leicht unterschätzt, wie schwierig es ist, diese Tierarten zu halten – und manchmal auch, wie alt oder groß Terrarientiere werden können.

Schlangen mögen es warm

Da es sich bei Schlangen um wechselwarme Tiere handelt, haben sie ganz bestimmte Ansprüche schon allein an die Temperatur. Im Terrarium muss sie so eingestellt werden, wie sie auch in der natürlichen Heimat des Tieres herrscht. Die verschiedenen Arten haben ganz unterschiedliche Ansprüche. Manche sind für Anfänger eher geeignet, weil sie anspruchsloser sind als andere, wie Korn- oder Königsnattern. Diese Schlangen sind auch relativ ungefährlich. Für Giftschlangen oder große Würgeschlangen braucht man dagegen eine behördliche Genehmigung, um sie halten zu dürfen. Außerdem muss man nachweisen können, dass man sich gut mit diesen Schlangen auskennt und sie artgerecht unterbringen kann.

Unglaublich!

Schlangen brauchen nicht viel Futter, weil sie ihre Körpertemperatur nicht selbst regeln. Wenn sie müssen, können manche bis zu zwei Jahre ohne Futter auskommen. Man darf ihnen das natürlich in Gefangenschaft nicht zumuten, denn es ist ungesund.

Bartagamen gewöhnen sich an Menschen, wenn man sie aus der Hand füttert. Doch es ist viel Geduld nötig.

Flinker, als man denkt – Schildkröten

Wie alle wechselwarmen Arten sind Schildkröten schneller, wenn es warm ist und die Sonne scheint. Lange nicht alle Arten sind friedfertig, ganz im Gegenteil. Geier- oder Schnappschildkröten haben ihre Namen nicht zu Unrecht. Für Anfänger sind zum Beispiel Griechische Landschildkröten geeignet. Den Frühling und Sommer verbringen sie gern in einem Freigehege im Garten mit Versteckmöglichkeiten. Gut ist es, wenn dort auch viele Wildkräuter wachsen, die ihnen als Nahrung dienen. Werden im Herbst die Tage kürzer und kühler, bereiten sich die Landschildkröten auf die Winterstarre vor. Tiere, die sich genug Reserven angefressen haben, stellen dann die Nahrungsaufnahme ein. Nun brauchen sie ein Plätzchen, wo die Temperaturen gleichmäßig um die acht Grad Celsius liegen, und das ist – genau – im Kühlschrank. Man benötigt auch noch eine Box mit Substrat, wie zum Beispiel Gartenerde, in das sie sich eingraben können. Dann fallen die Schildkröten in einen sehr tiefen Schlaf. Sie dürfen während der Winterstarre nicht gestört werden, denn jedes ungeplante Aufwachen kostet sie viel Energie und kann dadurch sogar ihr Leben bedrohen.

(1) Vogelspinnen sind faszinierend, doch zum Kuscheln sind sie, trotz Pelz, nichts. (2) Geckos sind einfacher zu halten und schön zu beobachten.

Drachen im Kleinformat – Echsen und Leguane

Bartagamen, Kragenechsen und Leguane erfreuen sich immer größerer Beliebtheit. Doch wie bei allen Exoten ist ihre Haltung mit einer Menge Aufwand verbunden. Denn um ihnen ein artgerechtes Leben zu ermöglichen, ist viel Fachwissen über die jeweilige Art erforderlich. Und die technische Ausstattung, die man braucht, um diese Tiere halten zu können, ist teuer. Ein halbwegs akzeptables Terrarium in ausreichender Größe für eine Bartagame (diese Tiere gelten als leicht zu halten) kostet mindestens 1 500 Euro. Es besteht aus Luftbefeuchter, Wärmelampen, beheizbarem Wasserbecken und Versteckmöglichkeiten. Möchte man Leguane halten, braucht man auch noch eine Beregnungsanlage und Heizmatten. Diese Tiere können etwa 15 Jahre alt werden. Eine Anschaffung will gut überlegt sein – wie immer bei einem Tier.

Kornnattern gelten als pflegeleicht und sind für größere Kinder als Haustier geeignet.

Der älteste Freund des Menschen

Der Hund begleitet den Menschen schon sehr lange und lebt eng mit ihm zusammen. Man kann ihm vieles beibringen und so hilft er uns bei der Arbeit, beschützt und bewacht uns oder unser Eigentum. Mit der richtigen Ausbildung und dank seiner ausgezeichneten Nase kann ein Hund Spuren verfolgen und sucht so nicht nur Vermisste, sondern auch Verbrecher. Trotzdem: Der Hund ist ein Beutegreifer, sogar der kleinste Chihuahua. Auch in ihm schlummert noch das wilde Erbe des Wolfs. Doch weder Wolf noch kleiner oder großer Hund sind eine Gefahr – wenn sie richtig behandelt werden. Den Wolf können wir einfach in der Natur in Ruhe lassen und einen Hund mit Freundlichkeit und Zuneigung zu unserem Freund erziehen. Kein Tier wird böse geboren, sondern immer von einem Menschen dazu gemacht. Entweder weil es schlecht behandelt oder ihm nicht gezeigt wurde, wie es sich in Gesellschaft von anderen Tieren und Menschen verhalten muss. Darum müssen wir unsere Hunde in einer liebevollen Umgebung aufwachsen lassen und sie gut erziehen.

Hunde mit Beruf

Die vielen Hunderassen (man schätzt, dass es weltweit an die 800 sind) werden in Gruppen eingeteilt – je nachdem, wozu sie gezüchtet wurden. Die meisten hatten oder haben nämlich Berufe. Dackel zum Beispiel zählen zu den Jagdhunden, ebenso wie Weimaraner. Schäferhunde – na klar – können Schafe hüten. Zu ihnen zählen aber nicht nur der Deutsche oder Belgische Schäferhund, sondern auch alle Collie-Rassen. Andere Hunde, wie der türkische Kangal, bewachen Schafe und Ziegen. Sie sind Herdenschutzhunde und kommen dort zum Einsatz, wo Wölfe oder Bären versuchen könnten, Schafe oder Ziegen zu jagen.
Für die verschiedenen Aufgaben brauchen Hunde ganz unterschiedliche Fähigkeiten und Eigenschaften. Auch wenn sie nicht berufstätig sind, sondern vielleicht bei einer Familie in der Stadt leben, haben sie

(1) Ursprünglich wurden Schäferhunde gezüchtet, um Schafe und Ziegen zu hüten. (2) Retriever sind eigentlich Jagdhunde, doch sie werden auch zu Assistenzhunden ausgebildet. Weil sie gern Gegenstände bringen, sind sie gut geeignet, um zum Beispiel einem Kind im Rollstuhl alles Mögliche zu bringen oder Heruntergefallenes aufzuheben.

Von Klein bis Groß, viel oder wenig Fell: Die Hundewelt ist bunt. Und dann gibt's noch die vielen Mischlinge.

viele dieser Eigenschaften behalten. Das erklärt, warum sie alle so unterschiedlich sind.

Was braucht der Hund?

Ein Hund benötigt Bewegung, Auslauf mit Artgenossen und ein Rudel, also eine Familie, die zu seiner wird. Der Hund braucht täglich mehrmals Auslauf und muss viel lernen, zum Beispiel an der Leine zu gehen und zu kommen, wenn man ihn ruft. Die Erziehung eines Hundes ist Chefsache: Die meisten Hunde mögen zwar Kinder, doch sie gehorchen meist nur einem Chef. Du räumst doch dein Zimmer bestimmt auch nur auf, wenn deine Eltern es sagen und nicht Geschwister oder ein Freund?

Wie verhältst du dich, wenn du einen Hund triffst?

1. Wenn du ihn streicheln willst, frage unbedingt zuerst den Besitzer. Es gibt wenige Hunde, die Kinder nicht mögen, vielleicht weil sie mal von ihnen geärgert wurden. Andere haben manchmal Angst und könnten deshalb zuschnappen.
2. Also einfach fragen und wenn es okay ist, dann langsam und entspannt auf den Hund zugehen.
3. Halte ihm deine Hand hin, so kann er daran schnuppern. Dein Geruch verrät dem Hund unglaublich viel, zum Beispiel ob du aufgeregt bist, und sogar, was du gefrühstückt hast.
4. Wie es dann weitergeht, entscheidet der Hund. Vielleicht fordert er dich zum Spielen auf oder will gestreichelt werden?

Der Dackel ist ein Jagdhund und treibt Fuchs oder Dachs aus dem Bau; darum ist er so klein. Im Bau kann ihm keiner helfen. Dies ist ein Grund, warum er recht eigensinnig ist – er muss bei der Arbeit ja auch allein entscheiden.

Schon gewusst?

Hunde können unglaublich gut riechen, das ist bekannt. Doch wie gut sie eine Fährte verfolgen können, das liegt auch an den Ohren. Hunde mit langen Schlappohren fächeln sich beim Laufen die Luft der Umgebung vor die Nase, bekommen dadurch mehr Duftstoffe hinein und können so noch besser kleinste Geruchsspuren wahrnehmen.

Englische Bulldogge

Junge Möpse

Cocker Spaniel

Französische Bulldogge

Schopfhund

Biewer Yorkshire Terrier

Jäger auf leisen Pfoten

Seit Jahrtausenden lebt die Katze bei den Menschen, doch äußerlich hat sie sich kaum verändert. Innerlich noch viel weniger: Sie war und ist die geborene Jägerin. Weil sie im Gegensatz zum Hund ihre Krallen beim Laufen einziehen kann, bewegt sie sich auf ihren Pfotenballen fast lautlos. Sie hetzt ihre Beute nicht wie ein Hund oder ein Wolf, sondern schleicht sich an und liegt manchmal stundenlang auf der Lauer. Sie kann vermutlich nicht so gut riechen wie der Hund, doch dafür sind ihr Gehör und die Augen echte Hochleistungsinstrumente. Mit ihren beweglichen Ohrmuscheln fängt sie noch das leiseste Geräusch ein und weiß auch genau, aus welcher Richtung es kommt. So kann sie Mäuse noch unter dem Schnee orten und fangen.

Intelligenzbestien

Manche Leute denken, Katzen wären weniger intelligent, weil man sie nicht trainieren kann wie einen Hund. Dabei ist die Samtpfote nur sehr selbstständig, da sie von Natur aus allein auf die Jagd geht und nicht im Rudel. Viele Hunderassen sind darauf gezüchtet worden, mit dem Menschen zusammenzuarbeiten, die Katze nicht, denn sie hat ihren Beruf – das Fangen von Mäusen – immer allein ausgeübt. Trotzdem sind viele von ihnen keine Einzelgänger. Auf einem

Die Jagd

Für die Maus ist das natürlich nicht lustig, doch die Katze liebt die Jagd. Auf sie geht sie auch, wenn sie genug Futter hat. Darum heißt es auch: Die Katze lässt das Mausen nicht.

Ein mit einem Netz gesicherter Balkon und ein Kratzbaum sind das Reich dieses Katers. Trotzdem guckt er ziemlich grimmig.

Mit den langen Haaren am Maul und über den Augen können Katzen tasten und Luftströmungen auffangen.

Bauernhof ziehen Katzenschwestern oft ihren Nachwuchs gemeinsam groß. Sie lassen sich gern von uns streicheln und genießen unsere Zuneigung. Doch tun sie nichts, nur um uns Menschen zu gefallen. Eine Katze könnte leicht »Sitz« und »Platz« lernen, doch machen wird sie es nur, wenn sie gerade Lust dazu hat oder eine Belohnung bekommt. Dass sie trotzdem ganz schön schlau ist, zeigt sich daran, dass Wissenschaftler herausgefunden haben, dass Katzen zum Beispiel zählen können – mindestens bis fünf.

Was Katzen wollen

Es gibt reine Wohnungskatzen und für manche scheint das ganz in Ordnung zu sein. Andere wollen unbedingt hinaus. Leider besteht für sie vielerorts das Risiko, überfahren zu werden. Wer also an einer Straße wohnt, sollte sich eine Katze aussuchen, deren Freiheitsdrang nicht allzu groß ist, sodass sie auf ein Leben in Freiheit verzichten kann. Wohnungskatzen brauchen viel Aufmerksamkeit und am besten sollten sie zu zweit gehalten werden, damit sie miteinander spielen können, wenn ihre Menschen nicht zu Hause sind.

Nicht nachmachen!

Katzen landen immer auf ihren Pfoten. Möglich macht dies der Stellreflex. Im Fallen dreht sich das Tier so um die eigene Achse, dass es mit den Beinen zuerst aufkommt.
Die Gliedmaßen von Katzen sind wie Sprungfedern und so elastisch, dass sie den Fall abbremsen und puffern können. Dies funktioniert aber nur bei einer natürlichen Fallhöhe, zum Beispiel bei einem Sturz von einem Apfelbaum. Für Abstürze aus Hochhäusern ist dieser unglaubliche Trick der Natur nicht gemacht, sondern nur für kletterfreudige Jäger, die trotz ihrer Krallen auch mal den Halt verlieren können.

1

(1) Katzen verschlafen viel Zeit, doch wenn sie wach sind, wollen sie Unterhaltung. Ihre Spiele sind Jagdspiele, als würden sie eine Maus fangen oder (2) in einem Versteck auf der Lauer liegen. Bewegt sich etwas, wird die Katze herausschießen und sich darauf stürzen. Das können auch die Beine ihres Menschen sein, die zum Schein erlegt werden.

2

Das Glück dieser Erde …

Exmoor-Pony

Die kleinen, zähen Pferde leben heute noch halb wild im Exmoor-Nationalpark in Großbritannien.

Liegt auf dem Rücken der Pferde, so sagt man. Dieses Sprichwort stammt aus einer Zeit, als man noch nicht mit dem Auto irgendwohin fuhr oder gar mit dem Flugzeug flog, sondern ritt.

Früher Arbeit, heute Freizeit

Kaum ein Tier beeinflusste unsere Geschichte so sehr wie das Pferd. Berühmte Feldherren wie Alexander der Große oder Dschinghis Khan wären ohne es kaum aus ihren Ländern herausgekommen und hätten keine Riesenreiche erobern können. Auch die Landwirtschaft wäre ohne schwere Pferde, die Karren und Pflüge zogen, so nicht denkbar gewesen. Bei uns war ihre Nutzung als Arbeitstiere bis in die 1950er-Jahre verbreitet. In vielen anderen Ländern sind Pferde bis heute aus dem Alltag nicht wegzudenken. Wir halten sie – von Pony bis Großpferd – inzwischen vor allem als Freizeitkameraden. Für viele ist es der größte Traum, einmal ein eigenes Pferd zu haben.

Was das Pferd braucht

Das Pferd ist ein Lauf- und Herdentier, es braucht also Artgenossen und viel Platz. Dazu medizinische Betreuung und alle sechs bis acht Wochen den Hufschmied. Zusammen mit dem Futter ist das alles ganz schön teuer; der Unterhalt kostet pro Monat so um die 300 Euro und wenn es krank werden sollte gleich noch viel mehr. Eine günstigere Möglichkeit, seine Freizeit mit Pferden zu verbringen, ist eine Reitschule. Dort kann man erst einmal das Reiten lernen und herausfinden, ob es einem wirklich so viel Spaß macht. Falls ja, kann man später eine Reitbeteiligung nutzen. Viele Besitzer sind froh, wenn sie jemanden finden, der gut reiten kann und sich vor allem zuverlässig um das Pferd kümmert.

Schon gewusst?

Die kleinste Pferderasse ist das Falabella, die größte das Shire Horse.

Reiten ist keine Kleinigkeit

Wer reiten lernen möchte, hat sich wohl eines der schwierigsten Hobbys ausgesucht, die es überhaupt gibt. Wer es gut machen will, braucht Körperbeherrschung, Ausdauer und Mut. Eine weitere Redensart bringt es auf den Punkt: »Es ist noch kein Reiter vom Himmel gefallen, aber schon so mancher vom Pferd.«

Vor jedem Reiten muss ein Pferd erst einmal geputzt werden. Sonst reibt der Sattel auf dem Rücken, wenn noch Schmutz dazwischen ist.

Manche Nordsee-inseln sind autofrei, zum Beispiel Juist. Dort wird bis heute Kutsche gefahren – oder Fahrrad.

Turnierreiten

Sportliche Wettbewerbe mit Pferden sind zum Beispiel Dressur oder Springen. Die Veranstaltungen heißen Turnier. Vorgeschriebene Kleidung sind eine helle Reithose, schwarze Stiefel und ein Sakko. Wenn es sehr heiß ist, darf die Jacke weggelassen werden, wie oben auf dem Bild. Das Wichtigste ist der Helm und darum Vorschrift.

Im Süden von Frankreich liegt die Camargue, wo Pferde noch halb wild und relativ frei umherstreifen. Das Besondere: Sie sind alle weiß, also Schimmel.

Supersinne und supersensibel

Katzen können auch dann noch sehen, wenn es schon fast ganz dunkel ist. Hunde nehmen kleinste Geruchspartikel wahr und deshalb sind sie so gut darin, Fährten zu verfolgen. Tauben finden über Hunderte Kilometer wieder ihr Zuhause. Viele weitere Fähigkeiten und Eigenschaften der unterschiedlichen Haustiere sind dagegen nicht so bekannt – aber mindestens genauso spannend.

Vibrissen

Tasthaare im Gesicht: an der Schnauze und über den Augen.

Ein paar Sinne mehr

Katzen und andere Tiere haben Tasthaare im Gesicht, zum Beispiel die Schnurrhaare. Sie heißen Vibrissen und funktionieren wie feine Antennen, mit denen das Tier Luftströmungen und kleinste Erschütterungen auffängt. Auch hat die Katze in jedem ihrer Ohren 27 Muskeln, sodass sie sie in fast jede Richtung unabhängig voneinander bewegen kann. So kann sie hören, was links und rechts von ihr geschieht. Das ist, als könntest du mit dem rechten Ohr einem Hörbuch und mit dem linken deiner Lehrerin zuhören – und dir beides merken. Katzen können das für unsere Ohren oft hohe und darum unhörbare Piepsen der Mäuse auffangen, sie durch die drehbaren Ohren orten und so auch unter einer Schneeschicht erwischen.

Degu

Die Tricks von Degu und Chinchilla

Chinchillas haben ein sehr dickes und dichtes Fell. Versucht in freier Wildbahn ein Greifvogel, ein Chinchilla mit seinen Klauen zu packen, kann es sein, dass er nur mit ein paar Büscheln Haare davonfliegt. Denn seine vermeintliche Beute hat blitzschnell einen Teil ihrer Haare abgestoßen. Ein weiterer Verteidigungstrick ist, dass ein Chinchilla einen Angreifer mit Urin bespritzt. Urin kann aber auch in anderer Hinsicht sehr nützlich sein. Viele Tierarten tauschen über den Urin wichtige Informationen aus. Im Urin können Artgenossen riechen, wem ein bestimmtes Revier gehört oder ob ein Weibchen paarungsbereit ist. Für Degus hat er eine besondere Bedeutung: Sie können möglicherweise eine besondere Bedeutung: Sie können Urin im Dunkeln leuchten sehen. Ist er noch frisch, enthält er Anteile, die UV-Licht reflektieren. Dies sehen Degus, da sie im Gegensatz zu uns UV-Licht wahrnehmen können.

Mit einer bestimmten Lampe wird der Urin auch für uns sichtbar.

Züngeln

Durch die gespaltene Zunge orten Schlangen, woher ein Geruch kommt.

Schlangen riechen mithilfe der Zunge

Eine Schlange schiebt ihre Zunge aus dem Maul und bewegt die gespaltene Spitze auf und ab; dann zieht sie sie wieder ein. Diesen Vorgang nennt man Züngeln. Die Geruchsspuren, die sie damit eingefangen hat, gibt sie im Maul an ein besonderes Organ weiter: das Jacobson-Organ. Dieses Organ besitzen viele Tiere, wir Menschen aber nicht. Mithilfe dieses Organs kann die Schlange riechen – zum Beispiel ob das, was sich vor ihr bewegt, vielleicht eine Ratte ist, die ihr schmecken würde. Schlangen können also sehr gut riechen; hören können sie allerdings nicht.

Die Supernase

Hunde können gut riechen, aber nicht alle gleich. Der Weltmeister der Schnüffelnasen ist der Bloodhound. Hat er einmal eine Duftspur aufgenommen, kann er sie länger und besser als jeder andere Hund verfolgen. Hat er zum Beispiel den Geruch eines Diebes in der Nase, könnte er ihn am Boden laufend verfolgen, wenn der in einem Hubschrauber über ihn hinwegfliegt. Es reicht, wenn das Fenster nur einen winzigen Spalt offen ist, damit der Hund wittern kann, dass der Dieb da oben drin sitzt.

Ansichtssache

1 *dreidimensionales Sehen: das Blickfeld beider Augen überschneidet sich*
2 *zweidimensionales Sehen*
3 *toter Winkel: um hier zu sehen, muss das Tier den Kopf wenden*

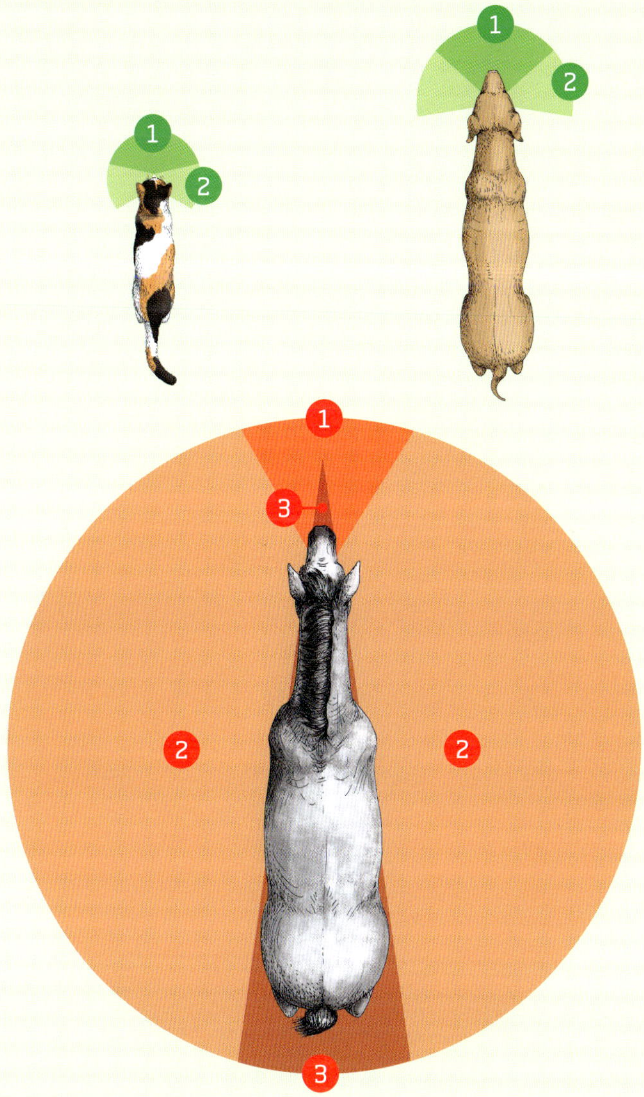

Für Beutetiere ist es wichtig, möglichst viel von ihrer Umgebung immer im Blick zu haben, damit sie nicht so leicht überrascht werden können. Darum liegen ihre Augen weit seitlich am Kopf. Den Bereich direkt vor sich nehmen sie ähnlich wahr wie wir Menschen. Zusätzlich haben sie mit einem Auge noch im Blick, was seitlich von ihnen geschieht. Du kannst es ausprobieren: Halte dir ein Auge zu und versuche, einen Stift vom Schreibtisch zu nehmen. So sehen Pferde, Degus oder Mäuse zu den Seiten. Jetzt nimmst du einen Arm, streckst ihn nach hinten aus und bewegst deine Finger. Kannst du sie sehen, ohne den Kopf zu wenden? Nein? Kaninchen oder Meerschweinchen schon. Katzen können das übrigens auch und dies, obwohl sie selber doch Jäger sind. Naja, so ganz stimmt das eben nicht – in der freien Natur gäbe es Beutegreifer, die viel größer und stärker sind als sie; darum ist es auch für Katzen sehr nützlich, genau zu wissen, was um sie herum geschieht.

Viele Katzen lernen, Türen aufzumachen. Sie haben gelernt, dass sie die Klinke herunterdrücken müssen. Sie springen hinauf, hängen sich dran und schieben die Tür auf. Ganz schön clever!

Ganz schön schlau ...

Rico kannte mehrere Hundert Spielzeuge beim Namen und konnte sie auf Befehl apportieren.

Schon gewusst?

Ihr Gehirn ist im Verhältnis sehr klein; darum dachte man, Vögel müssten dumm sein. Inzwischen weiß man, dass sie das kleine Gehirn sehr gut nutzen. Es gibt Vögel, die Werkzeuge verwenden. Und Papageien können ein Steckspiel richtig lösen. Das würden aber auch Krähen oder Raben schaffen – wenn sie es wollen.

Es ist noch gar nicht so lange her, da hielt man Tiere für ziemlich dumm. Wissenschaftler gingen davon aus, dass die meisten ihrer Verhaltensweisen angeboren seien. Diese heißen Instinkte und sorgen dafür, dass Tiere, fast wie Computer, ein biologisches Programm ausführen. Inzwischen ist bewiesen, dass viele Tiere Gefühle haben, ähnlich wie wir, und eine Menge lernen müssen, um fit zu sein fürs Überleben. Sie können ganz schön schlau sein, sich Dinge merken und auch um die Ecke denken. Immer mehr wird dazu geforscht und ständig werden neue Erkenntnisse über die Intelligenz von Tieren gewonnen.

Wer üben muss, ist schlau

Wie auch bei den Menschen sind bei Tieren einige Verhaltensweisen angeboren. Doch im Gegensatz dazu muss eine kleine Katze zum Beispiel von ihrer Mutter lernen, wie man Mäuse fängt, und es auch immer wieder üben. Tiere können aber noch ganz andere Sachen erlernen – zum Beispiel den Mülleimerdeckel hochzuheben, wenn sie auf diese Weise an etwas zum Fressen kommen. Das tun oft Krähen im Park an den Papierkörben, aber auch Hunde zu Hause in der Küche. Wieder andere haben den Dreh mit der Tür herausgefunden, um ausbüxen zu können. Das ist oft bei Pferden und Ponys der Fall. Manche Pferdebesitzer müssen sich eine Menge einfallen lassen, damit ihre Schützlinge nicht einfach ihre Boxentüren oder Koppeltore öffnen.

Sind auch alle da?

Katzenmütter ziehen immer wieder mit ihrem Nachwuchs um, damit möglichst niemand sie finden und ihnen etwas antun kann. Dafür schleppt sie eines ihrer Kinder nach dem anderen vom alten in den neuen

Unterschlupf. Im Durchschnitt hat eine Katze etwa fünf Junge. Wenn sie wissen will, ob alle im neuen Heim angekommen sind, muss sie sie zählen. Katzen können das, Hunde dagegen nicht. Dafür haben die kein Problem damit, einen Topfdeckel anzuheben, um eine versteckte Leckerei zu finden. Das wiederum können viele Katzen nicht. Aber sie schlagen Hunde in einem anderen Test: eine Holzwand mit Loch, durch das sie die Belohnung sehen können. Katzen machen sich sofort auf den Weg um die Wand herum, die meisten Hunde bleiben vor dem Loch und kommen nicht auf die Idee, einen Umweg zu gehen. Aber wer ist nun schlauer? Beide können unterschiedliche Sachen gut und bei Intelligenztests spielen noch andere Dinge eine Rolle. Katzen und auch andere Tiere haben oft einfach keine Lust und machen lieber ein Nickerchen – und natürlich sind auch nicht alle Tiere gleich: Manche sind einfach schlauer als andere.

Unglaublich!

Wer sich im Spiegel erkennt, ist schlau. Delfine können es, aber auch Schimpansen und Papageien. Und Schweine erkennen sich nicht nur im Spiegel: Wenn sie Futter darin sehen, wissen sie, dass es hinter ihnen sein muss. Sie drehen sich um und rennen dorthin, auch wenn sie dabei Umwege laufen müssen.

Überlebenswichtige Neugierde

Alle unsere Heim- und Haustiere sind sehr neugierig. Sie wollen ihre Umgebung erkunden und alles über sie lernen. Gibt es nichts zu erkunden, wird ihnen schnell langweilig und die Tiere können davon sogar krank werden. In freier Wildbahn ist Neugier wichtig, denn nur wer sich auskennt, weiß wo man sich verstecken kann oder etwas Fressbares finden kann.

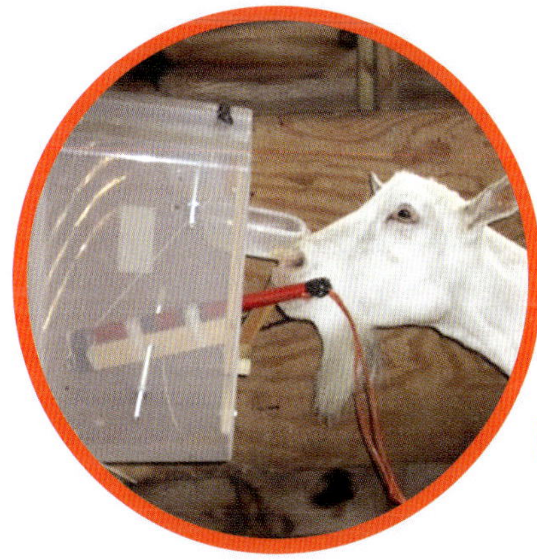

Gutes Gedächtnis

Ziegen haben ein ausgezeichnetes Gedächtnis. Das hat ein Futtertest bewiesen: Sie sollten lernen, mit der Nase ein paar Hebelchen zu drücken, um an einem Automaten Futter zu bekommen. Dann wurde dieser entfernt. Zehn Monate später hing er wieder im Stall. Die Ziegen guckten kurz und ruckzuck fiel ihnen wieder ein, wie das Ding funktionierte. Und nicht nur sie, sondern auch Rinder, Pferde oder Esel haben ein gutes Gedächtnis: Befreundete Artgenossen, von denen sie jahrelang getrennt waren, begrüßen sie beim Wiedersehen sofort und meist stürmisch.

Mit der Zunge legt das Pferd die Sicherung um und schiebt mit dem Maul den Riegel zurück – und ist frei.

Kühe lernen, Futterautomaten zu benutzen, aber auch, die Bürste für eine Massage in Gang zu setzen.

Tiere mit Beruf

Fast jedes Haustier kann irgendetwas viel, viel besser als wir Menschen. Hunde zum Beispiel haben einen ausgezeichneten Geruchssinn, Katzen wiederum können Nagetiere wie Mäuse und Ratten unschädlich machen. Esel oder Pferde können Lasten ziehen oder tragen. All diese Eigenschaften hat der Mensch sich zunutze gemacht. Der Mensch zähmte die Tiere und konnte ihnen beibringen, mit ihm zusammenzuarbeiten.

Schon gewusst?

Es gibt sogar Rettungshunde für Hunde. Sollte zum Beispiel mal ein Dackel in einem Fuchsbau oder einer Röhre stecken bleiben und sein Besitzer gar nicht wissen, wo er ist, dann kann ein extra ausgebildeter anderer Hund nach ihm suchen.

Katzen sind vor allem Nachtarbeiter. Dann gehen sie auf die Jagd.

Auf dem Bauernhof

Die Katze erfüllt gleich mehrere sehr wichtige Aufgaben auf einem Bauernhof. Nicht nur, dass sie Mäuse und Ratten aus unseren Vorratslagern fernhält, sie sorgt damit auch für die Gesundheit im Stall. Im Urin der kleinen Nager lauern nämlich Krankheitserreger (die sogenannten Leptospiren), die in das Futter gelangen und Pferd und Rind krank machen können – und übrigens auch den Menschen.

Immer der Nase nach

Hunde bei der Polizei suchen nach bestimmten Substanzen, zum Beispiel nach Drogen. Manche sind sogar dazu ausgebildet, verstecktes Geld in Autos oder Koffern zu finden. Dem Hund ist eigentlich egal, ob er nach vermissten Personen, Verbrechern oder nach Sprengstoff suchen soll. Hauptsache, er wird für seine Arbeit belohnt. Doch Hunde gehen nicht nur auf Verbrecherjagd, sondern auch auf Pilzsuche. In Frankreich trainiert man Hunde darauf, seltene Pilze im Waldboden zu finden, die sehr teuer sind: Trüffel. Es gibt aber noch ein Tier, das dies mindestens ebenso gut kann wie ein Hund: ein ausgebildetes Trüffelschwein.

Hundeführer und Kollege Hund im Einsatz. Die beiden suchen nach Sprengstoff.

Ziehen, tragen, schleppen

Pferde sind unglaublich stark, vor allem die kräftigen Kaltblüter. Sie können Lasten ziehen, die schwerer sind als sie selbst – und ein großer Ardenner, as ist ein Kaltblut aus Belgien, kann es auf eine Tonne Gewicht bringen. Pferde waren in früheren Zeiten wichtige Helfer in der Landwirtschaft. Einige von ihnen sind noch immer richtig berufstätig und ziehen dicke Baumstämme aus dem Wald – dort, wo Maschinen nicht fahren können. Leichtere und schnellere Pferde eignen sich eher als Reittiere. Die Polizei setzt sie ein, um Menschengruppen auseinanderzuhalten, die besser nicht zusammenkommen sollten, wie die Fans unterschiedlicher Mannschaften bei großen Fußballspielen. Und dort, wo große Rinderherden auf riesigen Flächen grasen, passen Hirten zu Pferd noch heute auf sie auf und halten sie zusammen, zum Beispiel die Cowboys in Amerika. Zwar werden dabei oft auch Motorräder oder sogar Hubschrauber eingesetzt, doch auch immer noch Pferde.

Rinder hüten oder Stämme aus dem Wald schleppen. Mit Pferden geht's viel besser.

Der Bergführer geht mit dem Leittier voran, die anderen folgen.

Andere Länder, andere Tiere

Bei uns werden viele Arbeiten heute von Maschinen verrichtet. Aber nicht immer ist es sinnvoll, diese einzusetzen, und zudem sind sie oft auch sehr teuer. Im Gebirge in Südamerika setzen Indios heute noch Lamas und Alpakas ein, um Lasten zu transportieren. Außerdem liefern die Tiere ganz ausgezeichnete Wolle.

Esel sind Gold wert

In einigen armen Gegenden Afrikas ist der Besitz eines Esels der Unterschied zwischen bitterer Armut und bescheidenem Wohlstand. Wer einen Esel hat, kann damit Waren zum Markt schaffen. Er kann dies auch für andere tun und damit ein kleines Transportunternehmen betreiben. Auch Wasser muss oft viele Kilometer herangeschleppt werden. Ein Esel kann mehr Lasten tragen und diese weiter transportieren als die Frauen, die meist für die Beschaffung des Wassers zuständig sind. Eselbesitzerinnen können sich so ein Zubrot durch den Verkauf des Wassers verdienen. Nicht selten können es sich Eltern nur durch den Besitz eines Esels leisten, ein Kind zur Schule gehen zu lassen.

In die Körbe auf dem Rücken des Esels kommen die großen Wasserkanister.

Funny Fact

Katze an Bord

Als die Seefahrer noch mit Segelschiffen monate- oder gar jahrelang über die Weltmeere fuhren, hatten sie jede Menge Proviant dabei. Damit der nicht von Mäusen und Ratten gefressen wurde, gab es in einigen Ländern Gesetze, die es verboten, dass ein Schiff ohne Katze den Hafen verließ. So sorgte die Katze dafür, dass die Mannschaft nicht verhungern musste.

Assistenzhunde helfen ihrem Menschen im Rollstuhl. Dieser hier übergibt gerade die Geldbörse der Kassiererin. So muss seine Besitzerin nicht immer andere Menschen um Hilfe bitten und ist unabhängiger.

Wie Tiere Menschen helfen

Die alte Dame freut sich sichtlich über die Schmuseeinheiten des Therapiehundes.

Tierfreunde wissen schon lange, dass Tiere dafür sorgen können, dass wir uns besser fühlen. Und die Erfahrung hat gezeigt, dass Tiere uns sogar helfen können, gesund zu werden. Aber worauf beruht diese positive Wirkung? Das versuchten Wissenschaftler herauszufinden. Dabei stellten sie fest, dass wir, wenn wir ein Tier streicheln, das wir mögen, Hormone ausschütten. Das sind Botenstoffe in unserem Körper. Einer davon heißt Oxytocin. Dies tut unserem Immunsystem gut, beruhigt uns, ist gut für das Herz, lockert uns auf und hilft uns sogar dabei, uns anderen Menschen gegenüber besser mitteilen zu können. Weil das alles ziemlich kompliziert ist, hier ein paar Beispiele.

Besuchstiere im Heim

Menschen, die im Krankenhaus liegen, haben oft den ganzen Tag nichts zu tun. Ihnen ist langweilig; zudem haben sie vielleicht Schmerzen. Vielen alten Menschen im Altersheim geht es ähnlich. Sie verlieren den Lebensmut, auch weil ihre Angehörigen sie nicht so oft besuchen können oder sie gar keine mehr haben. Um ihnen Anregungen zu geben und auch Ablenkung, gibt es Menschen, die die kranken oder alten Menschen besuchen und dazu Tiere mitbringen. Die Heimbewohner freuen sich über die Abwechslung, können das warme Fell der Tiere spüren und haben auch untereinander wieder eine Menge zu erzählen.

Reiten als Therapie

Auf einem Pferderücken zu sitzen und sich sanft durch die Gegend tragen zu lassen, gibt dem Reiter nicht nur ein gutes Gefühl, es schult auch den Gleichgewichtssinn. Die Körperwärme eines Pferdes kann helfen, verspannte Muskeln zu entkrampfen. So hilft sie gleich in vielerlei Hinsicht und bei ganz unterschiedlichen Erkrankungen. Außerdem macht Krankengymnastik auf einem Pferd gleich viel mehr Freude, als wenn die Patienten sie in einer Praxis machen müssten.

Die Reittherapie ist die älteste Therapieform mit Tieren. Das Pferd ist extra dafür ausgebildet, sehr ruhig und lieb zu sein, auch wenn Kinder auf seinem Rücken herumturnen.

Ein Spaziergang mit Lama. Sie und Alpakas werden eingesetzt, um Menschen zu helfen. Zum Beispiel bei der Bewegungstherapie.

Assistenzhunde im Einsatz

Blindenführhunde zählen zu den Assistenzhunden. Das sind Tiere, die gelernt haben, für einen Menschen mit einem Handicap bestimmte Aufgaben zu übernehmen. Der Blindenführhund hilft zum Beispiel seinem Besitzer dabei, sicher über die Straße zu gelangen. Er kann ihn aber auch zum Postbriefkasten führen oder zu einem freien Platz im Bus. Dazu hat er gelernt, ganz viele Kommandos zu unterscheiden wie »Such Platz« oder »Such Treppe« und viele andere mehr. Die Ausbildung dauert entsprechend lange, bis zu zwei Jahre. Die Hunde müssen intelligent, selbstbewusst und nervenstark sein, denn sie dürfen auch im größten Großstadttrubel nicht die Ruhe verlieren. Der Blinde muss aber auch lernen, seinem Hund zu vertrauen und seinen Bewegungen zu folgen. Du kannst es ja mal mit einem Freund versuchen – aber nur dort, wo es sicher ist. Leg deine Hand auf den Unterarm deines Freundes und schließ die Augen. Er muss für dich mit aufpassen, damit du zum Beispiel nicht am Zaun hängen bleibst. Aber du musst dich auch geschickt anstellen, damit du ihn nicht störst und aus dem Gleichgewicht bringst. Beides ist gar nicht so leicht. Voraussetzung bei Mensch und Hund ist eine gute Ausbildung, dass beide einander vertrauen und eine enge Beziehung zwischen ihnen besteht.

Dieser Blindenführhund hilft seinem Frauchen gerade dabei, eine Treppe hochzusteigen. Er muss aber auch lernen, sich zu weigern, ein Kommando auszuführen. Zum Beispiel nicht auf den Befehl »Voran« zu gehorchen, wenn die Situation dafür zu gefährlich wäre. Man nennt dies »intelligenten Ungehorsam«.

Lesen lernen mit Hund geht besser

Es gibt Kinder, die haben Schwierigkeiten beim Lesenlernen. Manche Kinder können gut singen, andere gut rechnen; dafür können sie andere Sachen vielleicht nicht so gut – zum Beispiel Lesen. Die Buchstaben formen sich für sie einfach nicht zu Worten. Je mehr sie es versuchen, umso schlimmer wird es. Noch dazu ist es ihnen vielleicht peinlich und macht sie nervös, wenn sie laut vorlesen sollen und es nicht gut können. Anders ist das, wenn ein Hund dabei ist. Dem Hund ist es nämlich völlig egal, ob jemand nur langsam liest oder Fehler macht. Erstens kann er es selbst auch nicht – er weiß noch nicht einmal, was Lesen ist. Und zweitens mag er jedes Kind so, wie es ist, und beurteilt weder nach Äußerlichkeiten noch nach Fähigkeiten.

Die Leidenschaft zum Beruf gemacht

Hunderttausende von Menschen arbeiten mit Tieren oder für sie: Sie sorgen für ihre Gesundheit, pflegen sie oder bringen ihnen etwas Bestimmtes bei – sie stehen sozusagen in der ersten Reihe, wenn es um Tiere geht. Für den einen Beruf muss man studieren, andere wiederum sind Lehrberufe. Einige davon lernst du auf dieser Seite kennen.

Bitte recht freundlich

Ein Tierfotograf kann das zwar sagen, es wird aber nichts nützen. Seine Kunden bezahlen ihn dafür, dass er schöne Bilder von ihrem Hund, der Katze, dem Pferd oder auch der Maus macht. Der Fotograf hat dafür die passende Ausrüstung, wie etwa eine tolle Kamera, oft ein Studio und eine Menge Erfahrung, wie man Tiere dazu bringt, auf Bildern gut auszusehen. Ein kleiner Trick ist zum Beispiel, ein Leckerchen auf das Objektiv zu legen, damit der Hund gespannt in Richtung Kamera guckt. Ein Tierfotograf muss Einfühlungsvermögen besitzen. Das Tier soll auf dem Bild ja fröhlich und selbstbewusst aussehen und nicht gelangweilt oder gar ängstlich. Der Fotograf muss spüren, wann es keine Lust mehr hat und eine Pause braucht. Das zu erkennen, ist das Schwierigste, aber auch das Wichtigste am Beruf.

Im Zoo

Die Arbeit eines Zootierpflegers ist es, die Tiere, die ihm anvertraut sind,

Blickwinkel

Am schönsten sind Bilder, wenn man sich mit dem Tier auf Augenhöhe begibt. Diese Fotografin versucht mal einen ungewohnten Blickwinkel von unten. Ist bestimmt ein tolles Bild geworden.

Schon gewusst?

Praktisch jeder, der mit Tieren arbeitet, muss sich darauf einstellen, dass er auch mal an den Wochenenden oder am Abend ranmuss, denn Tiere wollen immer versorgt werden, nicht nur von Montag bis Freitag.

Zootierpfleger reinigen die Gehege, füttern und bringen den Tieren einiges bei.

Kaskadeure müssen gut mit Pferden umgehen können, aber auch mutig und sehr fit sein für solche Stunts.

gut zu versorgen. Jeder Zootierpfleger hat ein Revier, in dem er arbeitet, zum Beispiel das Raubkatzenrevier. Die Arbeit besteht aus dem Füttern der Tiere und dem Prüfen, ob sie gesund sind, aber auch aus weniger spannenden Dingen wie dem Scheibenputzen in den Terrarien oder Aquarien. Und alle Tiere produzieren jede Menge Mist, der aus den Gehegen entfernt werden muss. Aber es findet sich auch meist noch Zeit, ihnen Kunststücke beizubringen oder sie darauf zu trainieren, dass sie sich vom Tierarzt behandeln lassen.

Und Action

Dazu kann ein Filmtiertrainer seine Tiere auffordern – als Kommando, dass es jetzt ernst wird. Die Kamera ist scharf gestellt und der Hund rennt zum Schauspieler, springt an ihm hoch und wirft ihn dabei um. »Ist der aber schlecht erzogen«, mag da mancher vor dem Fernseher denken – und das soll er ja auch, denn: Sich so zu verhalten, wurde dem Hund beigebracht, er ist ein Filmhund und handelt auf Kommando. Es gibt noch viele andere Filmtiere: Katzen, Kaninchen, Pferde und sogar Wölfe und Bären. Wer sie ausbilden kann, der ist ein Filmtiertrainer. Und jemand, der mit Pferden arbeitet und zugleich waghalsige Stunts mit ihnen ausübt, heißt Kaskadeur. Das ist französisch und wird Kaskadör ausgesprochen.

Tiere brauchen Pflege

Und Menschen, die dies übernehmen. Im Tierheim zum Beispiel warten viele Tiere darauf, dass Menschen ihnen ein neues Heim geben. Bis es so weit ist, müssen sie fachkundig betreut werden. Tierpfleger ist ein eigener Beruf, der erlernt werden kann, wie Schreiner oder Gärtner. Ein Tierwirt kümmert sich vor allem um Tiere in der Landwirtschaft. Und ein Pferdewirt – logisch – um Pferde.

Angeberwissen

Ist dir schon einmal aufgefallen, dass ein Hund, wenn er zum Schauspieler laufen soll, meist an ihm vorbeiguckt? Das liegt daran, dass neben der Kamera der Tiertrainer steht und die Kommandos gibt.

Zeichensprache

Filmhunde haben gelernt, auf Handzeichen zu gehorchen, damit man später im Film nicht die Stimme des Tiertrainers hört.

Diese kleine Katze bekommt Medizin eingeträufelt. Eine heikle Angelegenheit, die besser die Tierärztin übernimmt.

Besuch beim Tierarzt

Fast alle Tiere müssen regelmäßig zum Tierarzt, auch wenn sie gesund sind. Sie werden gegen ansteckende Krankheiten geimpft und der Tierarzt macht einen kleinen Gesundheitscheck: Sind die Zähne in Ordnung, müssen die Krallen geschnitten werden, zeigt das Tier Anzeichen dafür, dass es ungebetene Mitbewohner hat – Parasiten? Auch guckt er dem Tier genau in die Augen und zieht dabei die Lider auseinander. Ist die Haut da schön rosa, wie sie sein soll? Auch dies kann Aufschlüsse zum allgemeinen Gesundheitszustand geben.

Ist das Tier gesund, freut sich der Mensch

Aber manche Tiere werden krank oder verletzen sich. Dann ist der Tierarzt erst recht gefragt. Er soll herausfinden, was dem Tier fehlt, und entscheiden, welche Therapie es wieder gesund machen kann. Hat er den Verdacht, dass ein Knochen gebrochen ist, macht er eine Röntgenaufnahme. So kann er auch feststellen, ob die Gelenke in Ordnung sind. Denn lahmen, also humpeln Hunde oder Pferde, haben sie oft dort ein Problem. Manchmal passiert es auch, dass junge Hunde Dinge, die nicht zum Fressen geeignet sind, verschlucken. Dies kann der Tierarzt sichtbar machen, indem er dem tierischen Patienten zuerst ein Kontrastmittel verabreicht und ihn anschließend mit einem Ultraschallgerät untersucht. So kann er Bilder vom Inneren des Tieres machen und sehen, wie es in ihm aussieht. Denn es kann ihm ja nicht sagen, wo es wehtut.

Schon gewusst?

Viele Tiere können sogenannte Parasiten haben. Das sind meist sehr kleine Viecher, die »mitessen«. Sie leben auf dem Tier und ernähren sich von seinem Blut, wie zum Beispiel Flöhe. Oder sie leben im Körper des Tieres, wie zum Beispiel Würmer. Die bedienen sich direkt im Verdauungssystem an den Nährstoffen, die dem Tier dann fehlen. Dagegen helfen Wurmkuren.

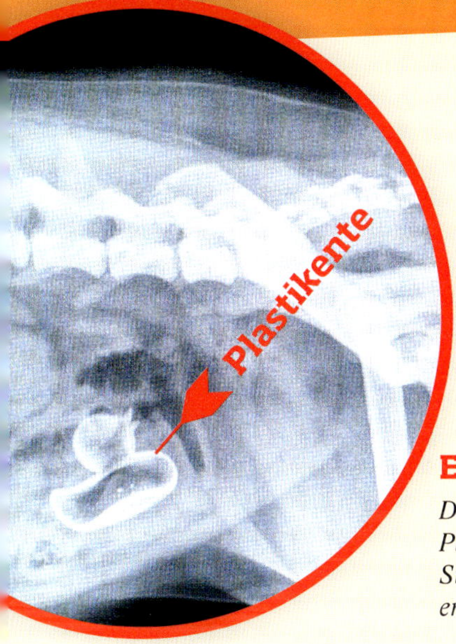

Ente in Hund

Das Röntgenbild zeigt: Plastikente verschluckt. Sie muss in einer Operation entfernt werden.

Kleiner Tiger beim Gesundheits-check: Der Zootierarzt hat oft mit exotischen Tieren zu tun.

Für alle Felle – und Federn

Ein Menschenarzt hat nur eine Art von Patient; trotzdem gibt es viele Fachärzte. Der Tierarzt könnte viele verschiedene Patienten haben: vom Kanarienvogel über die Rennmaus bis zum Elefanten. Alles über alle Tiere zu wissen, wäre aber für einen Menschen zu viel. Deshalb spezialisieren sich Tierärzte meist, zum Beispiel nur auf Pferde oder nur auf Kleintiere. Eine einzige Praxis hat meist auch nicht alle Geräte, um in schwierigen Fällen abklären zu können, was dem Tier fehlt. Wenn sie ganz ungewöhnliche Fälle haben, zum Beispiel eine seltene Erkrankung bei einem Chinchilla, dann überweisen sie die kranken Tiere oft in eine Tierklinik oder zum Spezialisten.

Tiere gehen nicht gerne hin

Manche Menschen gehen nicht gern zum Arzt. Genauso geht es vielen Tieren. Sie mögen den Tierarzt nicht. Der pikst sie, die Tierarzthelferin hält sie fest und manchmal wird ihnen bei der Untersuchung wehgetan. Natürlich versucht der Tierarzt, das zu vermeiden. Aber manchmal geht es nicht anders. Darum haben Tiere beim Tierarzt oft Angst und versuchen zu flüchten, andere setzen sich zur Wehr. Sie wissen ja nicht, dass ihnen geholfen werden soll. Hunde, die dann beißen, bekommen einen Maulkorb, Katzen werden manchmal in ein Handtuch gewickelt, damit sie Tierarzt oder Helfer nicht die Arme zerkratzen. Nur wenn es gar nicht anders geht, bekommt das Tier ein Beruhigungsmittel.

Bei Kaninchen (oder Meerschweinchen, Hunden, Katzen) können die Krallen zu lang werden und müssen mit einer Zange ganz vorsichtig abgeknipst werden.

Wenn niemand mehr helfen kann

Wenn Tiere einen schlimmen Unfall hatten, sehr alt oder sehr krank sind, kann ihnen auch der Tierarzt nicht mehr helfen. Er kann sie nur von ihrem Leid erlösen, indem er sie einschläfert. Hierzu werden die Tiere betäubt. Sie schlafen wie bei einer Narkose ein und bekommen dann eine Spritze, die ihr Herz aufhören lässt zu schlagen. Das ist natürlich sehr traurig und für die Besitzer oft sehr schwierig, weil sie zusammen mit dem Tierarzt entscheiden müssen, wann der richtige Moment gekommen ist, um sich von dem geliebten Hausgenossen zu verabschieden. Doch es ist besser, als das Tier unnötig leiden zu lassen.

Ein Lama im Wohnzimmer? Bestimmt wäre es lieber mit Artgenossen draußen auf der Wiese und im Stall.

Tiere brauchen Schutz

Nicht alle Tiere haben das Glück, artgerecht und liebevoll behandelt zu werden. Viele Heimtiere leben nicht immer unter den besten Bedingungen und immer wieder kommt es vor, dass ihre Besitzer sie im Tierheim abgeben müssen. Manchmal geht das nicht anders, aber oft geschieht es auch, weil sich der Besitzer vorher nicht informiert hat, wie aufwendig die Haltung des Tieres ist oder wo es bleiben soll, wenn er in den Urlaub fährt. Zum Glück gibt es viele Menschen, die sich für Tiere einsetzen. Tierheime und Pflegestellen nehmen Katzen, Hunde, Kaninchen und Co auf und versorgen sie – mit dem Ziel, neue Familien für sie zu finden, die sich wirklich gut um sie kümmern werden.

Tiere im Sport

Reiten ist ein wunderschönes Hobby. Ein Pferd braucht viel Bewegung und es ist eine herrliche Freizeitbeschäftigung, mit ihm auszureiten oder auch Sport zu betreiben. Dressur und Springen können auch dem Pferd Freude machen. Doch bei jeder Sportart mit Tieren gilt: Wenn es übertrieben wird, dem Tier Leistungen abverlangt werden, die es überfordern, ihm Angst gemacht oder ihm wehgetan wird, ist der Spaß vorbei.

Tierschutz geht uns alle an

Jeder kann etwas zum Schutz der Tiere beitragen. Zuallererst natürlich, indem du dich um dein eigenes Tier gut kümmerst. Und wer sich eines zulegen möchte, sollte erst einmal im Tierheim nachsehen, ob sich dort nicht ein passendes Tier befindet und auf ein neues Zuhause wartet. Der große Vorteil ist zudem, dass die Tierpfleger sich gut auskennen und dich beraten können, wie es gehalten werden soll und welche Ansprüche es hat. Übrigens kostet auch ein Tier aus dem Tierheim Geld: die Vermittlungsgebühr. Mithilfe dieser Gebühr

Fast jeder kann fast jedes Tier kaufen. Zum Beispiel auf Reptilienbörsen – dort findet man die Tiere eingezwängt in Plastikschalen.

Hundesport, zum Beispiel Agility, macht Hunden Spaß, wenn sie nicht dazu gezwungen werden.

können dann die anderen Tiere versorgt werden. Außerdem soll den Menschen ihr neuer Hausgenosse auch etwas wert sein, denn: Es sind schließlich keine Tiere zweiter Klasse, sondern sie hatten einfach nur Pech.

Auch beim täglichen Einkauf kann man viel mitbestimmen. Kaufe ich Milch von Kühen, die auf die Weide dürfen, oder Eier von Hühnern, die auch ein großes Freigehege haben, oder Fleisch von Schweinen, die einen Auslauf hatten? Je mehr Menschen darauf achten, desto mehr Tiere haben ein besseres Leben.

Mach mit – Tiere brauchen Kinder

Nicht allen Menschen ist klar, dass es vielen Tieren nicht gut geht – leider ist es auch vielen egal. Tierschutzorganisationen setzen sich dafür ein, dass sich die Einstellung von mehr Menschen zur Haltung von Tieren ändert. Und dass sie beginnen, über ihr Tun und Handeln nachzudenken. Einige sind im praktischen Tierschutz und helfen beispielsweise Straßentieren, andere sind politisch aktiv und setzen sich dafür ein, dass die Gesetze zugunsten der Tiere verbessert werden. Bei vielen Tierschutzorganisationen gibt es Kinder- und Jugendgruppen, die sie gern in ihre Arbeit miteinbeziehen und zusammen Aktionen planen und durchführen. Wenn du dich für Tiere einsetzen willst, dann schließe dich doch einer an.

Verlassen

Tierheime versorgen so gut es geht ihre Schützlinge. Doch dort leben zu viele Tiere, um sich um jedes einzelne genug kümmern zu können.

500 000 Tiere werden jedes Jahr ausgesetzt.

Schmerzen für Sport

Dieses Pferd wird mit dem Zügel gezwungen, den Kopf viel zu tief zu halten. Das tut ihm weh.

Schon gewusst?

Tausende Tiere werden jedes Jahr ausgesetzt, zum Beispiel werden Hunde neben der Autobahn angebunden. Das ist nicht nur grausam, es ist auch strafbar. Wer sein Tier loswerden will, der sollte neue, liebe Besitzer suchen oder es wenigstens selbst im Tierheim abgeben.

Diese Hunde werden direkt aus dem Kofferraum heraus verkauft.

Man schätzt, dass etwa 70 % aller verkauften Welpen geschmuggelt sind.

Birgitt Thiesmann mit einem kleinen Welpen, der eigentlich noch bei seiner Mutter sein müsste.

Der Kampf gegen die Verbrecher

Birgitt Thiesmann arbeitet bei der Stiftung VIER PFOTEN. Schon öfter konnte sie helfen, Schmuggler und illegale Händler zu erwischen.

Wo kommen die Welpen her?

Meist werden sie in Osteuropa, aber auch in Deutschland geboren. Ihre Mütter leben in engen Gehegen, Schuppen oder Kellern, wo sie ohne jegliche Zuwendung immer eingesperrt sind. Sie kriegen schlechtes Futter und haben nur die Aufgabe, immer Junge zu bekommen, damit der Händler viele Hunde verkaufen kann.

Wie werden die Hunde verkauft?

Auf Märkten im Ausland und weltweit über das Internet. Oft wird bei den Anzeigen gelogen und es steht dabei, dass die Tiere aus liebevoller Zucht stammen, gesund sind und an Menschen gewöhnt. Doch die Wahrheit sieht ganz anders aus.

Woran erkennt man denn, dass da gelogen wird?

Wenn der Verkäufer zum Beispiel nicht will, dass der zukünftige Hundebesitzer zu ihm kommt, dann ist es besser, die Finger davon zu lassen. Ein guter Züchter hat nämlich immer die Mutter der Welpen zu Hause und will sogar, dass die Interessenten dorthin kommen. Er möchte nämlich auch so einiges wissen, zum Beispiel ob der ausgesuchte Hund überhaupt zu der Familie passt, ob sie Zeit für ihn hat und ihm ein liebevolles Zuhause geben kann.

Wie kämpft ihr denn gegen die illegalen Händler?

Wir arbeiten ganz viel mit Behörden und Tierärzten zusammen. Wir informieren zum Beispiel auch Fernsehsender und mit versteckter Kamera geben wir uns zum Schein als Käufer aus. So entlarven wir zusammen mit der Polizei die Betrüger. Leider kommen sie aber meist mit einer kleinen Geldstrafe davon und können weitermachen. Darum ist es so wichtig, die Leute aufzuklären, damit niemand mehr solche Hunde kauft. Nur wenn die Händler kein Geld mehr verdienen können, dann hören sie damit auf.

Miese Machenschaften

Junge Hunde auf einem Marktplatz. Billig und meist krank.

Für viele sind Tiere Freunde und Familienmitglieder, für manche aber sind sie auch ein gutes Geschäft. Der Handel mit ihnen ist zwar streng geregelt, doch leider suchen Kriminelle immer nach Möglichkeiten, die Gesetze zu umgehen und Tiere illegal zu verkaufen.

Papageien im Karton, Schildkröten im Koffer

Der Handel mit geschützten Arten, die in freier Wildbahn vom Aussterben bedroht sind, ist verboten. Es sei denn, der Verkäufer kann nachweisen, dass sie in Gefangenschaft gezüchtet wurden. Andererseits wird gerade für Tiere aus freier Wildbahn viel Geld bezahlt, weil manche Menschen es schick finden, ein sehr seltenes Tier zu besitzen. Darum werden die Tiere in ihren Heimatländern illegal gefangen und in die USA und nach Europa, auch nach Deutschland geschmuggelt. An großen Flughäfen, zum Beispiel in Frankfurt am Main, arbeiten sogenannte Artenschutzhunde, die darauf trainiert sind, diese Tiere aufzuspüren. Nur dann können die Schmuggler gefasst und die Tiere befreit werden.

Welpen sind keine Ware

Gute Zucht benötigt viel Zeit und Aufmerksamkeit und kostet eine Menge Geld. Welpen brauchen gutes Futter, Impfungen und Wurmkuren und die Elterntiere müssen gut versorgt werden. Außer man sperrt die Hundemütter in enge Käfige und spart an Impfungen und Wurmkuren. Händler verladen die Welpen und bringen sie heimlich über die Grenzen – heimlich, weil sie nicht die vorgeschriebenen Impfungen haben und mit gefälschten Papieren ausgestattet sind. Die geschmuggelten Hunde werden dann oft billiger angeboten als Tiere von einem guten Züchter. Doch kaum im neuen Zuhause angekommen, wirkt der Welpe müde, muss sich vielleicht übergeben oder kratzt sich ständig. Es stellt sich oft heraus, dass er Flöhe hat oder gar eine schlimme Krankheit, gegen die er doch geimpft sein müsste. Eigentlich wollte der Käufer Geld sparen und hat darum einen billigen Welpen gekauft. Doch jetzt kommen hohe Tierarztkosten auf ihn zu.

Auch kleine Katzen werden geschmuggelt, vor allem Rassekatzen, die sonst teuer sind.

Früh übt sich

In den ersten Wochen müssen Hunde Kontakt haben zu Hunden und Menschen. Man nennt das Sozialisation – sie lernen ihre eigene Sprache und uns Menschen kennen. Sie beobachten, wie ihre Mutter von Menschen gestreichelt wird, und spüren, dass sie das mag. Geschieht dies nicht, kann das im späteren Leben kaum noch aufgeholt werden. Solch ein Hund wird kaum verstehen, was du möchtest, wenn du ihm einen Ball zuwirfst oder ihn streicheln willst. Er wird glauben, du willst ihm etwas tun, weil er nie erlebte, dass seine Mutter sich jemals darüber gefreut hat, dass ein Mensch sie anfasst.

Der Artenschutzhund oben hat etwas gefunden. Einen Koffer voller Kakadus. Viele überleben den Transport nicht. Doch für die Händler lohnt es sich trotzdem.

Zurück in die Freiheit

Tiere in freier Wildbahn – das klingt erst einmal schön. Doch Haustiere in freier Wildbahn? Wir haben sie aus Wildtieren erschaffen und sie in Regionen gebracht, in denen ihre wilden Vorfahren nicht zu Hause waren. Einige Haustiere, die wieder in die Freiheit gelangen, kommen gut zurecht – wie vielerorts das Pferd, andere dagegen nicht.

Mythos Mustang

Noch im 19. Jahrhundert zogen Hunderttausende wild lebender Pferde durch die amerikanische Prärie. Man nannte sie Mustangs. Wie sie zu dem Namen kamen, ist nicht so sicher. Vielleicht kommt er von Mestengo, so nennt man in Spanien Herumtreiber und Vagabunden. Von dort kamen auch die ersten Pferde nach Amerika. Nachdem Kolumbus Amerika mit dem Schiff erreicht hatte, folgten viele Eroberer und später Siedler. Sie brachten auf den Schiffen Pferde mit, von denen einige später entliefen oder freigelassen wurden. Sie vermehrten sich prächtig. Heute aber wollen die Farmer das Gras für ihre Rinder, weswegen die Mustangs bei ihnen nicht sehr beliebt sind und eingefangen werden. Inzwischen leben nur noch etwa 30 000 Tiere in Freiheit. Verwilderte Hauspferde gibt es aber auch in anderen Ländern: In Australien sind es etwa 200 000 Tiere, dort heißen sie Brumbies; in Namibia sind es dagegen nur ein paar Hundert, die sogar in der Wüste leben – sie werden Namib-Pferde genannt.

Streuner und Hungerleider

Auch Hunde und Katzen leben vielerorts fast wild und müssen sich selbst durchschlagen, vor allem im südlichen und öst-

Frei lebende Pferde gibt es auf allen Kontinenten außer in der Arktis. Meist gehen sie auf verwilderte Hauspferde zurück.

Schwein gehabt. Auf einer Insel der Bahamas leben einige Schweine wie im Paradies. Sie planschen im Meer und sind inzwischen eine Attraktion.

lichen Europa. Wenn sich die Menschen nicht mehr um ihre Tiere kümmern, die Tiere ausbüxen und dann auf sich allein gestellt sind, dann vermehren sie sich unkontrolliert. Irgendwann sind es dann so viele, dass sie nicht mehr genug Nahrung finden. Dann werden sie aufgrund von Mangel- und Unterernährung anfällig für Krankheiten und Parasiten. Es wäre also wichtig, dass nicht immer mehr wild lebende Haustiere geboren werden. Tierschutzorganisationen, wie die Lega Pro Animale der deutschen Tierärztin Dorothea Friz, kümmern sich seit Jahrzehnten in Italien darum, dass Straßentiere kastriert werden. Nach der Kastration werden die Tiere an dem Ort, an dem sie eingefangen wurden, wieder freigelassen. Dorothea Friz konnte beweisen, dass dies die einzige langfristig nützliche Methode ist, um den Streunern zu helfen.

Fressen und gefressen werden

Frei lebenden Haustieren geht es oft nicht schlecht, wenn sie in Regionen mit reichlich Futter leben, aber auch natürliche Feinde haben, die ihre Zahl begrenzen. Erst einmal klingt dies wie ein Widerspruch; immerhin werden sie gejagt und gefressen, wie die Mustangs von Pumas oder verwilderte Hausschweine in Australien von Dingos. Doch die Beutegreifer verhindern, dass die Zahl der verwilderten Haustiere so stark steigt, dass das Futter für sie knapp wird.

Diese verwilderten Hausziegen klettern zum Fressen auf Bäume.

Eine Streunerkatze mit ihrem Nachwuchs.

Schon gewusst?

In der Innenstadt von Köln lebt eine Kolonie Halsbandsittiche. Eigentlich stammen sie aus Afrika und Asien. Die Vorfahren dieser Vögel sind irgendwann mal ihren Besitzern davongeflogen und haben sich zusammengefunden. Dass es nicht zu viele werden, dafür sorgen Falken und Bussarde.

Ein Leben für die Tiere

In Süditalien, dem Wirkungskreis der LEGA PRO ANIMALE, leistet sie viel Aufklärungsarbeit in der Öffentlichkeit und an Schulen, um das Problem an der Wurzel zu packen, damit erst gar keine Tiere auf der Straße landen: »Wir fangen keine Hunde mehr, kastrieren sie und lassen sie wieder laufen. Wir bieten Menschen hier die kostenlose Kastration des Tieres an, wenn sie eines von der Straße aufnehmen, mit einem Mikrochip identifizieren und es auf ihren Namen registrieren lassen – auch wenn ihnen das Tier vielleicht schon vorher gehört hat. Durch die Registrierung stehen die Besitzer mehr in der Verantwortung. Mit diesem Projekt vermitteln wir pro Jahr über 500 Hunde von der Straße direkt in ein wirkliches Zuhause. Wir wollen, dass jeder Hund einen Besitzer hat, der ihn liebt, sich um ihn kümmert, ihn füttert und wenn notwendig, zum Tierarzt bringt. Er passt dann besser auf seinen Vierbeiner auf und vor allem bekommt der Hund keine Welpen mehr.« Das ist die Lebensaufgabe der LEGA PRO ANIMALE, die inzwischen viele Mitstreiter hat.

Dorothea Friz, Tierärztin, Castel Volturno, Italien

Der Wellensittich hat seinen Namen von dem wellenförmigen Muster seines Gefieders.

Glossar

Agility: Eine Sportart für Hund und Halter. Der Hund muss Hindernisse überspringen, andere umlaufen oder durch einen Tunnel rennen.

Apportieren: Herbeibringen bestimmter Gegenstände. Einige Hunde wurden extra dafür gezüchtet wie der Labrador Retriever (»to retrieve« bedeutet im Englischen »etwas bringen«).

Artenschutzhund: Hunde, die eingesetzt werden, um bedrohte Tierarten zu schützen.

Assistenzhund: Er hilft Menschen mit einem Handicap, zum Beispiel Rollstuhlfahrern oder Sehbehinderten.

Balz: Männliche Vögel werben auf unterschiedliche Arten um Weibchen.

Bastet: Göttin der Altägypter, die meist als Katze dargestellt wurde.

Beutegreifer: Tierarten, die andere erlegen, um zu überleben.

Exot: Tierart, die nicht aus Mitteleuropa stammt und hier auch nicht nennenswert züchterisch verändert wurde.

Haustiere: Alle Tierarten, die vom Menschen domestiziert wurden.

Heimtiere: Tierarten, die bei uns mit im Haushalt leben.

Herdenschutzhund: Bewacht Herden von Schafen, Ziegen oder Rindern vor Beutegreifern wie Wölfen oder Bären.

Hütehund: Er unterstützt den Schäfer dabei, die Herden zusammenzuhalten, und treibt sie in die gewünschte Richtung.

Instinkt: Angeborenes Verhalten, im Gegensatz zu dem, was Tiere lernen müssen. Fast alle Beutegreifer müssen zum Beispiel als Jungtiere von ihren Müttern lernen, Beute nicht nur zu fangen, sondern sie auch zu erlegen.

Jacobson-Organ: Zusätzliches Organ bei vielen Wirbeltieren, mit dem sie aufgenommene Gerüche noch genauer unterscheiden können. Lage: Meist zwischen Rachenraum und Nase.

Kaltblut: Schwere Pferde. Ihr Blut ist keineswegs kälter als das anderer, doch sie haben meist ein ruhiges und ausgeglichenes Temperament und bewahren auch bei Lärm kühles Blut.

Kastrieren: Entfernen der Fortpflanzungsorgane – bei Männchen die Hoden, bei Weibchen mindestens die Eierstöcke.

Leptospiren: Krankheitserreger, die unter anderem durch Mäuse- und Rattenurin übertragen werden.

Oxytocin: Ein Hormon, das dafür sorgt, dass wir uns wohl und geborgen fühlen, wenn es im Körper ausgeschüttet wird. Dies geschieht zum Beispiel, wenn wir ein Tier streicheln. Es wird auch Bindungs- oder Kuschelhormon genannt.

Sozialisation: Hineinwachsen und Annehmen von Verhalten und Sprache während sehr früher Entwicklungsphasen bei fast jedem Lebewesen.

Streuner: Tier, das kein Zuhause hat.

Stubenrein: Wenn Tiere gelernt haben, nicht in der Wohnung einfach irgendwo hinzumachen.

Thermostat: Misst die Temperatur der Umgebung und heizt oder kühlt, je nachdem wie er eingestellt wurde, um eine bestimmte Temperatur ständig zu halten.

Tiergestützte Therapie: Wenn eigens dafür trainierte Tiere Therapeuten dabei unterstützen, Menschen mit unterschiedlichen Problemen zu helfen.

Vibrisse: Bestimmte Tasthaare vor allem im Gesicht vieler Tiere, zum Beispiel bei der Katze.

Wechselwarm: Fische, Reptilien, Amphibien und Insekten haben keine gleichbleibende Körpertemperatur, sondern diese richtet sich nach der Umgebung.

Wilderei: Wenn Tiere ohne Erlaubnis der Wildnis entnommen werden.

Wildfang: Tiere, die in Freiheit gefangen und nicht bei einem Züchter geboren wurden.

Winterstarre: Sehr tiefe Form des Winterschlafs.

WAS IST WAS Band 72

Bildquellennachweis: Archiv Tessloff: 9ol, 13ul, 15r, 16mr, 31r; Corbis: 5ur (Judith Haeusler/cultura), 10um (KIM KYUNG-HOON/Reuters), 16ul (Cyril Ruoso/ JH Editorial/ Minden Pictures), 39ur (Tom Nebbia), 41ol (Monty Rakusen/cultura), 42o (NA FASSBENDER/ Reuters); Depositphotos: 32l (ababaka); Flickr: 19m (squiddles), 35ml (Jo Simon), 36ur (Allison Moffatt), 45mr (abcrumley); Fotolia LLC: 33ul (susan plokarz); frontiersinzoology.com: 33mr (Elodie Briefer); Hunt, Charles: 6o (PD);Jugendfarm Moritzhof: 4m; LEGA PRO ANIMALE: 47ur (Dorothea Friz); Losangelescarpetcleaning.com (lacarpetcleaning.com): 30um; Muséum des Sciences naturelles: 9mr (Wilfried Miseur/RBINS); Parrot Wizzard: 32m (Michael Sazhin); picture alliance: 2om (Anka Agency International/Gerard Lacz), 6ul (Schweiger/ Arendt/WILDLIFE), 9or (All Canada Photos/ Peter Carroll), 9ur (blickwinkel/W. Layer), 12om (WILDLIFE/I.Elsner), 14ol (Arco Images/C. Steimer), 17or (dpa/Jörg Carstensen), 17u (Arco Images/P. Wegner), 18Hg. (blickwinkel/H. Schmidbauer), 19ol (Anka Agency International/Gerard Lacz), 22ur (Arco Images/C. Stroehlein), 23ur (Hippocampus-Bildarchiv/Frank Teigler), 27r (Mary Evans Picture Library/Jean Michel Labat/ardea.com), 30-31o (Arco Images/Sunbird Images), 32om (dpa /Rolf Haid), 33um (dpa/Carmen Jaspersen), 34or (blickwinkel/S. Klewitz-Seemann), 34ur (dpa/Tobias Hase), 35mr (dpa/Armin Weigel), 36ol (J. De Meester/Arco Images), 36mr (dpa/Angelika Warmuth), 37or (dpa/ Horst Ossinger), 39or (abaca/Charriau Jeremy), 41om (dpa/Jessie Cohen/Smithsonian-institute), 41mr (blickwinkel/ICANI/D. Baum), 42mr (Yannick Tylle), 43mr (Arco Images/A. Schmelzer), 43ur (dpa/Frank Rumpenhorst), 45um (dpa/Frank Rumpenhorst), 45ur (WILDLIFE), 47ml (blickwinkel/A. Krieger); pixelio.de: 17m (Edith Höhner), 22or (Anton Keil), 25m (M. Großmann), 29or (Steffi Pelz); Regina Kuhn Fotodesign: 13mr; Schlecker, Anna: 28ul; Shotshop GmbH: 3mr (graphicphoto), 26Hg. (Rebel), 43or (graphicphoto); Shutterstock: 1Hg. (MNStudio), 2or (AnetaPics), 2ml (Shestakoff), 3ul (Buckeye Sailboat), 4-5 (Shestakoff), 4ul (Catalin Petolea), 6ml (geertweggen), 7r (Roberaten), 7ol (Agustin Esmoris), 7ml (Erni), 7ul (Julija Sapic), 7ur (demidoff), 8-9Hg. (Roberaten), 8m (Maggy Meyer), 8mr (Elena Eliachevitch), 8um (Gerard Koudenburg), 9om (Stefan Simmerl), 9um (africanstuff), 10om (Eric Isselee), 10r (Antonio Gravante), 11ol (Miroslav Hlavko), 11or (Imageman), 11ml (wavebreakmedia), 11mr (Gaby Fitz), 11ul (fivespots), 11um (Hintau Aliaksei), 11ur (Pakhnyushchy), 12or (Vetapi), 13or (David Evison), 14ul (yevgeniy11), 16or (onsuda), 16um (AnetaPics), 19or (xpixel), 20or (Andrey Armyagov), 20mr (Dmitry Onishchik), 20ur (View Apart), 20-21u (Vitaly Korovin), 20um (stockpix4u), 21ml (Dobermaraner), 21ur (Richard Lyons), 22-23Hg. (Roberaten), 22ul (Xseon), 23or (cyrrpit), 25or (Xseon), 25ul (Irina Fischer), 27Hg. (Roberaten), 27ml (Dirk Ott), 27u (Tanya Little), 29ur (pirita), 30ur (Oleg Kozlov), 31ul (Lenkadan), 34-35Hg. (Roberaten), 37mr (Cylonphoto), 37ur (Jenn Huls), 38Hg. (Volodymyr Burdiak), 39ol (belizar), 41or (foto ARts), 42-43Hg. (Roberaten), 44Hg. (Roberaten), 46or (Grobler du Preez), 46-47Hg. (Buckeye Sailboat), 47ur (Roberaten), 47or (Aerostato), 48or (xpixel); Thinkstock: 2ur (Sofia Kozlova), 3ol (Lilun_Li), 4um (Thomas Northcut), 5mr (Valueline), 7or (lanych), 7mr (Tom Brakefield), 8l (Hemera Technologies), 13ol (killerbayer), 14ur (fotosid), 15o (mu_mu_), 15um (Sofia Kozlova), 18or (Victor Soares), 19ur (james steidl), 21or (sodapix sodapix), 21or (ncousla), 23mr (taviphoto), 24or (miroslavmisiura), 24-25u (Lilun_Li), 26or (Ivanov_Arkady), 28om (Andre Hessler), 28-29Hg. (MikeLane45), 28ur (Wojciech Gajda), 29or (Dimitri Zimmer), 30ol (Michael Blann), 35or (John Alves), 35ur (Rocter), 35ul (MonikaBajorek), 40Hg. (Wavebreakmedia Ltd), 42ur (LexiTheMonster), 47m (themacx); University of Cambridge, Dep. Veterinary Medicine: 33or (Donald Broom); VIER PFOTEN: 44or (B. Thiesmann), 44ol (George Nedelcu), 45or; VITA e. V. Assistenzhunde: 24mr (Tatjana Kreidler)

Umschlagfotos: U1: Getty (Wayne Shipley), U4: Shutterstock (In Green)

Burgschmietstraße 2–4, 90419 Nürnberg
qualitaet@tessloff.com
www.tessloff.com

Autorin: Annette Hackbarth
Grafik: Tessloff Verlag, independent Medien-Design
Lektorat: Tessloff Verlag
Bildredaktion: Katja Filler
Druck: Livonia Print

ISBN 978-3-7886-2093-6

MIX Papier | Fördert gute Waldnutzung FSC® C002795

WISSEN KANN MAN NIE GENUG!